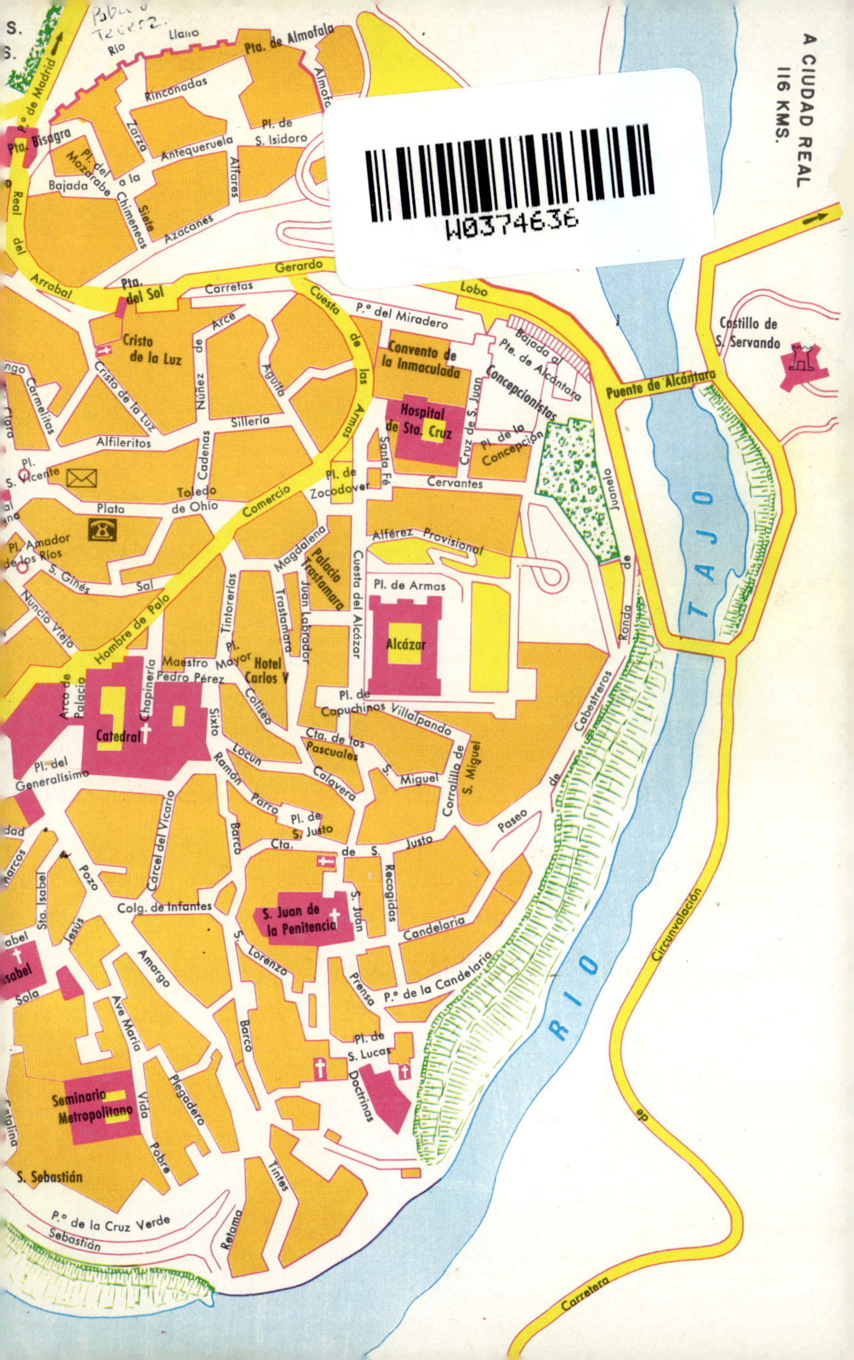
A CIUDAD REAL
116 KMS.
P.º de Madrid
Pta. Bisagra
Río
Llano
Pta. de Almofala
Almofala
Rinconadas
Zarza
Pl. de S. Isidoro
Antequeruela
Alfares
Pl. del Mozárabe
Bajada
a la
Chimeneas
Siete
Azacanes
Real
del
Arrabal
Pta. del Sol
Carretas
Gerardo
Lobo
Cuesta de las Armas
P.º del Miradero
Bajada al Pte. de Alcántara
Castillo de S. Servando
Puente de Alcántara
Cristo de la Luz
Arce
Núñez de Arce
Aguila
Convento de la Inmaculada
Concepcionistas
Cristo de la Luz
Carmelitas
Clara
Hospital de Sta. Cruz
Cruz de S. Juan
Pl. de la Concepción
Sillería
Cadenas
Alfileritos
Santa Fé
Pl. Vicente
Pl. de Zocodover
Cervantes
Juanelo
Toledo de Ohío
Comercio
Plata
Alférez Provisional
TAJO
Pl. Amador de los Ríos
Magdalena
Palacio Trastamara
Cuesta del Alcázar
Ronda de
S. Ginés
Sal
Tintorerías
Trastamara
Juan Labrador
Pl. de Armas
Nuncio Viejo
Hombre de Palo
Alcázar
Pl. Mayor
Hotel Carlos V
Maestro Pedro Pérez
Chapinería
Arco de Palacio
Coliseo
Pl. de Capuchinos
Villalpando
Cabestreros
Catedral
Sixto
Ramón
Locum
Cta. de los Pascuales
Pl. del Generalísimo
Calavera
S. Miguel
Corralillo de S. Miguel
Paseo de
Parro
Pl. de S. Justo
Cta. de S. Justo
Cárcel del Vicario
Barco
Marcos
Sta. Isabel
Pozo
Recogidas
S. Juan
Colg. de Infantes
S. Juan de la Penitencia
Candelaria
Jesús
Isabel
Amargo
S. Lorenzo
Sola
Prensa
P.º de la Candelaria
RIO
Circunvalación
Ave María
Barco
Pl. de S. Lucas
Doctrinas
Seminario Metropolitano
Vida
Plegadero
Catalina
Pobre
Tintes
S. Sebastián
P.º de la Cruz Verde
Sebastián
Retama
de
Carretera

OCTAVA EDICION

Impreso en España. Printed in Spain.

ISBN 84-241-4396-5
Depósito legal: LE-293-1978

EVERGRAFICAS, S. A. - Carretera León-Coruña, km. 5 - LEON (España)

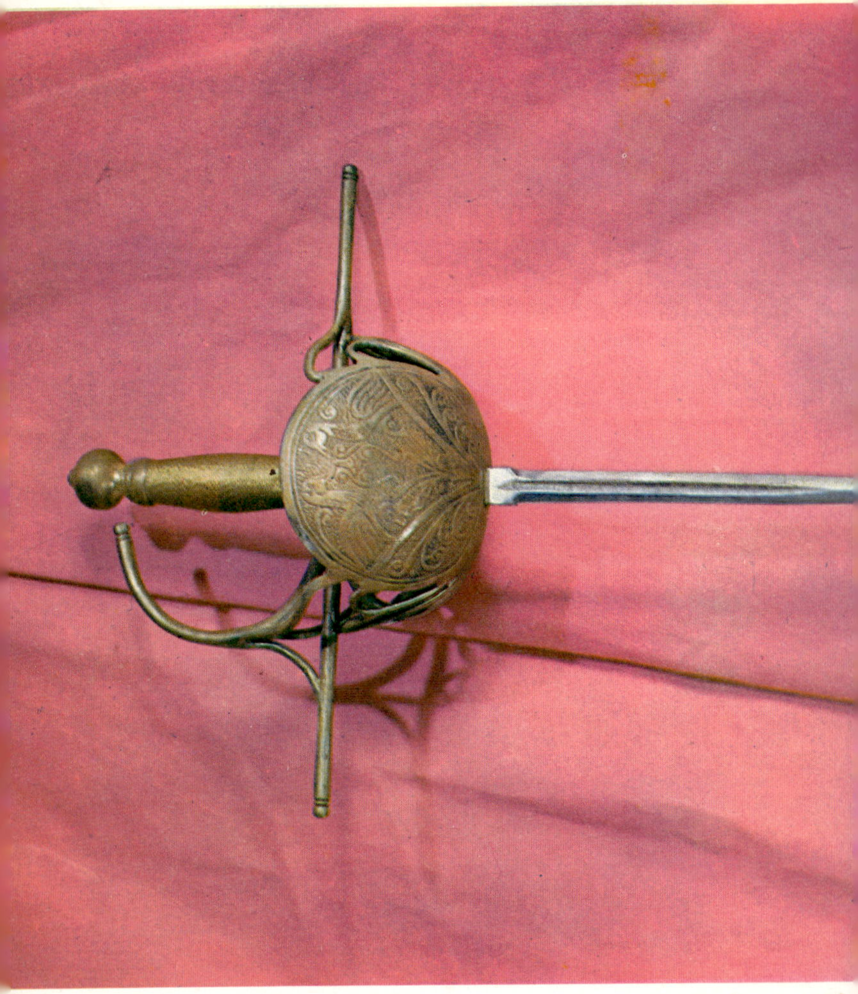

Espada toledana.

TOLEDO

Textos: Francisco Zarco Moreno

Fotografías: Marc y Alice Flament
Luis Rodríguez Garrido
Francisco Zarco Moreno

AL MERITO TURISTICO
MINISTERIO DE INFORMACION Y TURISMO — ESPAÑA

Editorial Everest, s. a.
MADRID • LEON • SEVILLA • GRANADA
VALENCIA • ZARAGOZA • BARCELONA • BILBAO
LAS PALMAS DE GRAN CANARIA • LA CORUÑA

LA LLEGADA POR EL NORTE

¡Toledo: perenne surtidor de espiritualidad y belleza en el corazón de España! La historia se condensa en La Roca y en El Transparente de la Catedral se hace llama erguida en los lienzos de El Greco, se agilita en la diafanidad de un rumor sempiterno. Toledo es un arcángel del Arte. Taraceada de sublimes calidades artísticas, exótica y compleja, imperial y religiosa, tiene la Urbe del Tajo una personalidad excelsa, inconfundible, entre las diversas ciudades que coronan la geografía española...

Viniendo de Madrid, pueden contemplarse, en las inmediaciones de Toledo, bosquetes de pinos, manchas de severos olivares y sitios apacibles, en donde las casas de recreo emergen con serena finura...

A la derecha, la plaza de toros, con tradición y solera.

Y definitivamente en Toledo, al llegar ante el Hospital de Afuera, llamado también Hospital de *Tavera* en recuerdo de su Cardenal fundador, o de San Juan Bautista por la advocación bajo la cual se encuentra.

Data la fundación del año 1541. Es preherreriano; recuerda al XV florentino, aunque en Toledo ya aparece el renacentista. La portada pertenece al barroco. Su doble patio, inmenso, es de líneas clásicas y en su parte central se halla la iglesia, de una sola nave, con fachada de mármol y una cúpula sostenida por columnas de orden toscano. Su altar mayor es obra de El Greco, y el sepulcro del fundador, de Alonso de Berruguete, que también hizo la fachada. La Casa-Museo de la Duquesa de Lerma ocupa en la actualidad una de las alas del Hospital de Tavera. La biblioteca y el archivo atesoran una riquísima colección de incunables, entre otros libros. El resto, auténtico palacio, con suntuoso mobiliario, guarda en sus salones tapices y lienzos de Tintoretto, El Greco, Tiziano, Moro, Carreño, Ribera y Zurbarán y otras piezas de arte.

Al salir del Hospital de Afuera, tienes ante ti el paseo de Merchán o de la Vega. E inmediatamente, la Puerta de Bisagra.

Hospital de Afuera

Puerta de Alfonso VI o antigua de Bisagra.

Escudo Imperial de Carlos V. Puerta de Bisagra.

PUERTAS Y MURALLAS

La de Bisagra es puerta principal. El gran escudo de Carlos V —Aguila del Imperio, reyes de armas, el Toisón de Oro y las columnas del "Plus Ultra"— campea con solemnidad. En el patio de armas, una estatua del Emperador. Tiene Bisagra reminiscencia árabe, dos puertas góticas del siglo XIV, y de Carlos V y Felipe II —por reformas de 1550— una reestructuración de carácter plateresco.

Paso de calzada romana hacia el puente de Alcántara, se asienta Bisagra en el llamado recinto amurallado de Wamba. De este recinto es la Torre de la Reina, a la derecha de la Puerta, saliendo de la ciudad, y restos de muralla que, iniciándose en Alcántara, terminan prácticamente en la Puerta del Cambrón.

Entre la Puerta de Bisagra y la Puerta del Cambrón, iniciado el paseo de Recaredo, se encuentra la Puerta de Alfonso VI de estilo mudéjar toledano del siglo XII al XIII.

Hasta la Puerta del Cambrón, restos de murallas del recinto exterior árabe y del recinto visigótico. La Puerta del Cambrón fue modificada en su estructura en 1576 sobre la base de antiguos restos árabes y adornada con escudo de Toledo, reyes de armas, con ventanales amplios hacia la vega del Tajo.

La Puerta del Sol es ejemplar único de arquitectura árabe española del siglo XIII. Belleza suma del mudejarismo, sus arcos angrelados sobrecargan la puerta. Desde la torre semicircular se puede contemplar el abigarrado conjunto de los barrios de la Antequeruela y las Covachuelas. Dos detalles ornamentales dan gracia a esta espectacular puerta. El escudo de la Catedral de Toledo en un triángulo, —imposición de la casulla a San Ildefonso—, en el más pequeño de los arcos interiores; y en el arco mayor, una curiosa y sugeridora escultura, procedente de un sarcófago cristiano.

Más a la derecha, hacia arriba, la Puerta de Bab-Mardón, conocida por los toledanos por Puerta del Cristo de la Luz. Recientes obras de ordenación urbana han puesto al descubierto la salida y completa estructura de una alcantarilla romana. La Puerta de Bab-Mardón es un típico ejemplo de recia construcción militar del medievo toledano: arcos romanos y visigodos.

Puerta del Sol. Detalle.

Puerta de Bid al-Mardom. Cuesta del Cristo de la luz.

Alcantarilla romana. Entre la puerta del Sol y la de Bid al-Mardom

LA IGLESIA DE SANTIAGO Y SU CONTORNO

La historia de Toledo viene a ser la historia de la Iglesia Católica en España. Porque, en torno a la Silla Primada, a través de las epocas, surgió el más denso conglomerado eclesiástico que jamás haya conocido ciudad española.

En Toledo se encuentra y prácticamente se ha creado en ella, como ciudad, desde la más sublime y sobria belleza de una arquitectura de tipo religioso —el mudejarismo en su más depurada expresión— hasta un rito de profundas raíces toledanas, el mozarabismo.

Aquí, frente a la iglesia de Santiago el Mayor, podemos contemplar el más hermoso ejemplar de arquitectura religiosa toledana. Fundado por Alfonso XI, el templo, de indudable planta románica, data de 1179 y en todas sus partes presenta la forma más noble del mudejarismo: torre exenta de un estilo sobrio, dentro de este tipo de arquitectura, y ventanas geminadas de innegable reminiscencia visigoda. El templo fue últimamente restaurado en 1958. En su interior, por el ladrillo —magia de alarifes—, conquista un puesto preeminente dentro de la historia de la arquitectura. El crucero se cierra con típico rosetón románico y los techos, suntuosos, lucen un artesonado del XV de sobrecogedora sencillez y grandeza. Desde el púlpito, mudéjar, en fina labor de yesería, se dice que predicó San Vicente Ferrer. El Altar mayor luce noble retablo plateresco.

Desde el exterior del templo, alzando la vista, se puede contemplar un abigarrado lienzo de construcciones, que se inicia prácticamente al principio de la cuesta del Cristo de la Luz, con el convento de Carmelitas Descalzos, y, termina pasado el Palacio de la Diputación Provincial —cuatro torreones sobre frondoso pinar— en el convento de clausura de la Orden carmelitana.

Campaniles, celosías, espadañas, cipreses, huertos, bancales y corredores jalonan este espacio en el que se asientan los conventos de monjas de clausura de las Comendadoras de Santiago, franciscanas de Santa Clara, Santo Domingo el Real y Capuchinas. Porque, aquí en Toledo, podréis encontrar conventos de agustinas, adoratrices, bernardas y capuchinas, benitas y clarisas, comendadoras y concepcionistas, dominicas, franciscanas y jerónimas. En suma, las Ordenes y Fundaciones que con su historia hicieron, en gran parte, la historia de la ciudad.

Vista parcial de la ciudad desde el paseo de Merchán.

El Alcázar desde la plaza de Zocodover.

Calle del Comercio. Al fondo la torre de la Catedral. →

EL BEBÉ

LA PLAZA DE LAS PLAZAS

La plaza toledana por antonomasia: Zocodover. Por este lugar ha pasado toda la historia de Toledo. Irregular en su planta, mediocre en sus estructuras arquitectónicas, fue, es y será escenario del quehacer ciudadano. Plaza que prácticamente no lo es, tiene, sin embargo, el constante encanto de lo vivo, palpitante y popular.

Nacida como mercado "de las bestias", foro y zoco, arena de fiestas y tablado para ejecuciones, siempre marcó Zocodover el ritmo de la ciudad. A través de los tiempos ha experimentado numerosas reformas, conservando su "aire" medieval. Meta y punto de partida, centro y eje, llena de gracia y típicas características. Hasta hace pocos años se celebraban todavía mercados, llamados "los martes", por desarrollarse en dicho día de la semana. Paso obligado, o voluntario, por su meridiano transcurre íntegramente la vida ciudadana, viajera, turística, dinámica o contemplativa. El comercio, instalado en su contorno, restaurantes, confiterías, cafés y bares, "terrazas" y soportales son lugares de cumplimiento o solaz.

Por el Arco de la Sangre —una capilla con imagen de Cristo sobre él— iréis de inmediato al Museo de Santa Cruz; por la calle de Carlos V al Alcázar; por la calle del Comercio —también conocida por calle Ancha— a la Catedral; por la del Barrio Rey a una serie de simpáticos lugares; por la calle de la Sillería os adentraréis en el Toledo más recio y esencial, complicado en su laberinto, digno.

La plaza de Zocodover, foro y parlamento, tribuna y lonja de contratación, escenario de la vida, en donde la frivolidad, gozo y tristeza tienen su asiento, se llena de cómodas sillas llegada la primavera. Los cafés y bares marcan la pauta climatológica. Escaparate de los cuatro puntos cardinales, Zocodover, año tras año, contempla impasible y socarrón el caminar persistente del hormiguero humano.

Aquí "se dice" y "se rumorea"; se afirma y se niega. Aquí "misters" y "canquisues", pastores de Galvez y "niñas muy op", limpiabotas y cerilleros, niños y militares sin graduación, darán razón y fe de existencia. Nada más y nada menos.

Los barrios de la Antequeruela y las Covachuelas desde el paseo del Miradero.

Rincón toledano.

Mezquita del Cristo de la Luz.

Interior de la Mezquita del Cristo de la Luz.

Puerta de Bisagra.

Vista panorámica de la ciudad.

POR CALLES Y PLAZAS

Vamos a iniciar uno de tantos curiosos paseos, por el Toledo de las mil encrucijadas. Nos vamos a alejar de la Plaza de Zocodover por la calle de la Sillería; después de pasar el cruce Núñez de Arce-Cadenas, se inicia la calle de los Alfileritos. Dos típicos callejones, el de los Gigantones y el de Agustín Moreto, ambos sin salida. Y una imagen en la breve ornacina enrejada de una fachada. Es la Virgen de los "alfileres", devoción popular, ilusión de toda mujer en pos de matrimonio. Allí, una y otra dejan caer una oración, una moneda y un alfiler. Misterio de fe, de la esperanza y del amor.

Por la cuesta del Cristo de la Luz descendemos hasta la antigua Ermita del citado Cristo. Mezquita, en sus inicios, tiene traza bizantina. En arquitectura es un raro y único ejemplar. Un friso exterior con inscripción, finales del siglo X, está considerado como único dentro del mundo árabe occidental.

Por la cuesta de los Carmelitas se regresa a la calle de los Alfileritos, y después de pasado el Cubillo de San Vicente, a la plaza del mismo nombre. Típica plaza toledana, irregular, encrucijada de calles, céntrica y de intenso tráfico, la plaza de San Vicente reúne en su contorno la sencillez conventual de las Gaitanas, la esbelta torre de San Vicente y el hoy inmediato Instituto de Enseñanza Media, albergado en el noble edificio que mandó construir el Cardenal Lorenzana con destino a la que fue Universidad de Toledo.

La calle de Alfonso X se cierra con dos hermosos edificios. El primero que hoy es Delegación de Hacienda, antiguo noviciado de la Compañía de Jesús, y la iglesia de San Ildefonso, enlazada con Hacienda pero ya en la plaza del Padre Juan de Mariana. San Ildefonso es un magnífico ejemplar de estilo barroco.

Antes de entrar en el típico y angosto callejón de Jesús y María, a derecha e izquierda, se encuentran ubicados dos conventos de monjas de clausura. Descendiendo por la calle de la Trinidad, habremos llegado a la plaza del Generalísimo. Plaza de nobles características formada por la Catedral, Palacio Arzobispal, Casas Consistoriales y Palacio de la Audiencia. En la fachada principal del Ayuntamiento predomina el estilo escurialense.

El Palacio Arzobispal, donado por Alfonso VIII al Arzobispo Jiménez de Rada, posee restos de estilo mudéjar.

— Puerta del Sol.

Plaza de San Vicente.

Calleja toledana.

MICROAPOLOGIA DE TOLEDO

Para un mejor entendimiento de Toledo, se requiere la parada en ruta. La breve meditación. Porque esta ciudad, en la historia y en el arte, no es el fenómeno aislado y localizado en seis y siete lugares. Es un conjunto de circunstancias. Adentrados en sus calles es oportuno preguntarse, con más motivos: ¿Qué es Toledo? ¿Qué ha sido y qué será?

Se ha dicho, con acierto; "Languidece, pero no se extingue, sino que revive y reanima siempre bajo el sutil pálpito de la cultura universal. Señora de sí misma, intercambia; ni imita ni se agota y da personalidad auténtica a todo lo que nace en ella".

Es Isabel y Fernando en el gótico de San Juan de los Reyes; gótico flamígero de claustros risueños de Juan Guas; cipreses, gárgolas y cúpulas platerescas del arte de Covarrubias; crucero y coro. Es la letra y el paso de Garcilaso, de Lope de Vega, de Tirso de Molina por los cigarrales, de Calderón, de Zorrilla, de Quevedo, del Duque de Rivas, de Bécquer, de Galdós, Barrés, Marañón, Macho en otros cigarrales; es la ciudad de escritores, artistas, eclesiásticos y militares.

Es análisis y síntesis, leyenda y realidad, religiosidad y paganismo. Locura de volúmenes, perspectivas de inauditas bellezas, bucólico discurrir de aguas por suaves vegas. Murallas y cobertizos, conventos y callejones, museos y colecciones, la apoteosis de Narciso Tomé en el barroco de El Transparente catedralicio...

Es la historia de grandes artistas consecuentes con el ejercicio de artesanías; rejeros y forjadores, de Villalpando a Julio Pascual pasando por Juan Francés y Céspedes, la gubia y el cincel en la obra de Bigarny, Vergara, Rodrigo Alemán, Berruguete, Juan Bautista Monegro, Bellver, Macho o Avalos...

El gran sol cretense de la pintura, Domenico Theotocopulos, ocultando a grandes hogueras del arte como Maino, Juan de Borgoña, Sánchez Cotán, Tristán, Correa, Lucas Jordán, Bayeu...

Es... vigencia y presencia.

Iglesia de San Ildefonso. En la plaza del Padre Juan de Mariana.

Portada toledana.

LA CATEDRAL

En 1227, reinando San Fernando y siendo arzobispo de Toledo el Cardenal Jiménez de Rada, se colocó la primera piedra de este templo, impregnado esencialmente de gótico español. Es templo sobre cimientos de templos; superposición del espíritu religioso y eclesiástico que siempre transpiró la urbe. La construcción se prolonga hasta el 1493, en que se cierran las bóvedas. Después, al correr de los años, las sucesivas apariciones de estilos y épocas han ido haciendo del templo catedralicio una entidad siempre viva.

Si la torre, ciega en arquerías y con cerámicas, discreta y sobria en las alturas, se inicia en la época de Tenorio, Contreras la eleva hasta la cornisa negra, y Cerezuela llega hasta el cuerpo de campanas. De la fachada principal lo más antiguo son las ojivas de las puertas. El chapeado de las hojas de entrada son de bronce y el diseño eminentemente mudéjar.

En la calle del Cardenal Cisneros se encuentran dos accesos más al templo catedralicio. La llamada Puerta Llana, así denominada por ser la única en tener el mismo nivel de pavimento entre calle e interior, y la Puerta de los Leones, así llamada por la serie de figuras que sostienen los escudos colocados sobre las columnas de la verja.

Es obra de **Annequín** Egas y las esculturas del apostolado de Juan Alemán, segunda mitad del siglo XV. Del XVIII la imagen de la Asunción, de Salvatierra, colocada entre los arcos góticos. Durango hizo los medallones y santos de la zona exterior.

La esquina de la calle del Cardenal Cisneros con la plaza del Generalísimo lo compone el cuerpo de lo que debería ser torre. Al ser dedicado su interior a capilla, Cisneros la instituye mozárabe y manda construir a Egas en 1519 ventanas geminadas góticas. En 1631, Jorge Manuel, hijo de El Greco, proyecta la actual cúpula barroca.

La capilla del Corpus Christi, dedicada al transcendente rito mozárabe o toledano dada su enorme y esencial fuerza de radicación en Toledo, es pieza clave y curiosa dentro del recinto catedralicio.

Detalle de la fachada principal de la Catedral →

CAPILLAS

La Capilla Mozárabe, o del Corpus Christi, fue fundada por el Cardenal Cisneros en 1524. Juan de Borgoña, con acento goticista, pintó al fresco en la portada la conquista de Orán, y de inmediato surge el neoclásico de la Puerta Llana.

La Capilla Mozárabe en su primera fase es obra de Enrique de Egas y de los dos maestros moriscos, Tarax y Mohamá (año 1504). La reja exterior, plateresca, es del maestro Juan Francés y data del año 1524. Las pinturas al fresco de la portada son de Juan de Borgoña, —1511—; la labor exterior, de piedra blanca, octogonal, gótica, es de Enrique Egas, realizada por Juan Arteaga y Francisco de Vargas, y labrada por Alonso de Yepes, también en el 1511; el remate cupular es clásico. El altar, de mármol, fue mandado construir por el cardenal Lorenzana en 1791 y es obra de Juan Manzano. Las rejas del coro, construídas en 1856, son obra del maestro Eulogio Dueñas, de quien son también los atriles. La sillería es moderna, obra del alemán Medarno Arnot. Las vidrieras de encima del coro fueron posiblemente pintadas en 1513 por Juan de la Cuesta. Las pinturas del interior de Juan de Borgoña, fechadas en 1514. Está enterrado en esta capilla, Francisco de Pisa, autor de una historia de Toledo, capellán Mayor Mozárabe.

Siguen las capillas,. todas ellas con interesantes retablos e ilustres enterramientos, llamadas de la Epifanía, de la Concepción —a continuación la Puerta Llana—, capilla de San Martín, de San Eugenio —Puerta de Los Leones, sobre cuyo interior se encuentra el famoso órgano llamado del Emperador—, capilla de San José, de Reyes Viejos, de Santa Ana, de San Juan Bautista, de San Gil, de San Nicolás —viene de inmediato la entrada a la Sala Capitular—, a continuación la capilla de la Trinidad y la de San Ildefonso.

La sala Capitular, en antesala, alberga unos armarios de cuidada talla y preciada madera; en la Sala, propiamente dicha, los retratos de todos los arzobispos de Toledo, pintados por ilustres artistas, recubren el contorno de pared.

Como puede apreciarse, la acumulación de artes y estilos, épocas y conceptos, es una de las más preeminentes sensaciones que causa la primera vista de la Catedral.

Palacio de la Audiencia. Portada gótica.

Casas Consistoriales. Ayuntamiento.

"Nobles, discretos varones
que governays a Toledo
en aquestos escalones
desechad las afysiones
cobdicias, amor y myedos.

Por los comunes provechos
dexad los particulares
pues vos fiso Dios pilares
de tan rriquisimos techos
estad firmes e derechos".

Quintillas atribuidas a Gómez Manrique.
Escalera principal del Ayuntamiento.

Palacio Arzobispal.

DE LA CAPILLA DE SANTIAGO A LA SACRISTIA

El templo catedralicio toledano mide 112 metros de longitud por 56 de ancho. La altura máxima —nave central— es de casi 45 metros. Las cinco naves están sostenidas por 88 columnas de grandiosas proporciones. La mayoría de los ventanales encuadran vidrieras de extremada belleza.

Prosiguiendo nuestro recorrido a partir de la mitad, en donde quedamos anteriormente, reseñamos la capilla de Santiago, fundada por don Alvaro de Luna para su enterramiento —sepultura del centro, con la de doña Juana Pimentel, obra ambas de Ortiz—; la tracería que compone el cerramiento de la capilla es gótica del XV, así como las pinturas del retablo. A continuación está situada la capilla de Reyes Nuevos, la de Santa Leocadia, la del Cristo de la Columna y la entrada a la Sacristía y dependencias —vestuario y ropería—; con la capilla de la Virgen del Sagrario, patrona de Toledo, detrás de la cual se encuentra el llamado Ochavo, hemos llegado a la llamada Puerta del Reloj.

En la antesacristía hay pinturas de Lucas Jordán, Francisco Ricci, Caxés y otros ilustres artistas. La Sacristía contiene un tesoro de pintura. Colección amplia con lienzos de Pantoja, el "Divino" Morales, Goya, Bassano, Piombo, Van Dyck, y la apoteosis de El Greco, con uno de sus apostolados completos y "El Expolio". Este lienzo de El Greco, que preside en honor a su categoría, dentro de la pintura universal y considerada como obra maestra, fue pintado entre los años 1577 y 1579 por encargo del deán don Diego de Castilla.

La pintura en su composición —no en la calidad— fue objeto de polémica, dada la presencia de las tres mujeres —las tres Marías— en una escena en la que no se las considera presentes, como fue la de despojar a Jesús de sus vestiduras. Lo cierto es que esta pintura presupone toda una lección de arte, de armonía, en los colores y las formas, y precursores rasgos de lo que posteriormente sería la página de oro de la pintura española. Los reflejos metálicos, los rasgos, los lienzos, todo ofrece un alarde de riqueza interpretativa.

El techo de la Sacristía, pintura al fresco, es una inmensa composición de Lucas Jordán, de gran efecto y luminosidad.

Cúpula de la capilla Mozárabe. Catedral →

Custodia de Enrique de Arfe. Sala del Tesoro. Catedral →

Organo
del Coro.
Catedral.

← La Virgen Blanca. Coro. Catedral.

↑ Capilla Mozárabe. Catedral.

← Capilla de San Pedro. Catedral.

Retablo de la capilla Mozárabe. Catedral. →

DE LA SACRISTIA A LA SALA DEL TESORO

Dependencias contiguas a la Sacristía, contienen colecciones completas de capas pluviales, bordadas en oro y pedrería, mitras —entre ellas la del cardenal Gil de Albornoz de rica ejecución—, la "Biblia de Oro" del XIII, regalo de San Luis, rey de Francia y con escenas del Antiguo Testamento hecha en más de cinco mil panes de oro; la casulla del XV obsequio del emperador Maximiliano al cardenal Mendoza, etc., etc.

En el "ropero" además de una completa serie de ornamentos religiosos existen ricos tapices y pinturas de Rafael, Tiziano, Zurbarán, Van Dyck, Rubens y El Greco.

La Capilla de la Virgen del Sagrario resalta por el juego de mármoles y sobriedad en su neoclasicismo. Es obra de Juan Bautista Monegro. El Ochavo o sala del relicario, en estilo grecorromano, guarda una colección de reliquias y curiosos objetos.

La Puerta del Reloj, gótica, es de finales del siglo XIII. El artificio y ornato de la relojería, es de curioso diseño y perfecta armonía. Las puertas de bronce muestran una rica ornamentación. La entrada a la Catedral por esta puerta, desde la calle de la Chapinería o de la Feria, tiene una dulce evocación. En la capilla de la Virgen del Sagrario, y ante ella, a lo largo y ancho de toda la superficie catedralicia, observaréis suntuosas placas metálicas que no son otra cosa que el lugar de enterramiento de los cardenales-arzobispos de Toledo. En cada uno de estos lugares el capelo cardenalicio pende de las bóvedas. Llama la atención, ante la capilla de la Virgen del Sagrario, el que más "pretendió" pasar desapercibido: el cardenal Portocarrero, con la famosa inscripción de "Aquí yace polvo, ceniza y nada", redactada en latín.

Tenemos a continuación de la Puerta del Reloj, la capilla de San Pedro con portada de rasgos muy característicos, puerta de Santa Catalina, con salida a una de las esquinas del claustro, capilla de la Piedad, de la Pila Bautismal de Nuestra Señora de la Antigua y de doña Teresa de Haro.

La Puerta de la Presentación tiene salida a otro ángulo del claustro: el que conduce a la calle del Arco de Palacio, a través de la Puerta del Mollete.

Colindante a la Puerta de la Presentación, se encuentra el tesoro catedralicio, instalado exactamente en el rectángulo sobre el que se asienta la [illegible]

Sala Capitular →

Techo de la Sala Capitular.

DETALLES DE LA CATEDRAL Y SUBLIMIDAD DE LA CUSTODIA DE ARFE

Las tres puertas de la fachada principal son conocidas con los nombres de Puerta de la Torre, del Perdón y de los Escribanos.

El claustro conserva en sus muros pinturas realistas, al fresco, originales de Francisco Bayeu. Las únicas dependencias que tiene el claustro en su contorno son la Sala Capitular de Verano y la capilla de San Blas, así como el acceso a la biblioteca y archivo, uno de los depósitos bibliográficos más importantes de España.

De vuelta al interior del templo, cerca de la Puerta de la Presentación y casi frente a la capilla de Nuestra Señora de la Antigua, se encuentra la capilla exenta de la Descensión de la Virgen, de adorable tradición religiosa.

El llamado Tesoro catedralicio se guarda en la capilla de la Torre, portada exterior de Covarrubias.

Una brevísima reseña nos obliga a citar un San Francisco, talla de Pedro de Mena; Virgen de Piedra, del XIV; grandes bandejas de plata repujada, entre las que sobresale la realizada con motivos del rapto de las Sabinas; el joyero de plata y cristal de roca que perteneció a Doña Juana la Loca; San Juan talla de Montañés; relicarios de plata, copones y objetos de culto; cruz gótica de Gregorio de Verona; San Sebastián, plata; Virgen, talla en boj, del XVI. En el centro del recinto, la joya de las joyas, —presidiéndolo todo—: la monumental custodia gótica del siglo XVI obra del genial orfebre Enrique de Arfe y confeccionada por encargo del Cardenal Cisneros.

La custodia que acoge en su interior al ostensorio, fue labrada por Enrique de Arfe entre los años 1517 y 1524. Tiene planta exagonal, al igual que la anterior, aunque en estilo renacentista. Columnitas primorosamente trabajadas en pedrería, florones y espigas, ángeles y campanas, afiligranadas cúpulas, esmaltes y miniaturas, componen el conjunto, que se cierra con un tercer cuerpo que sostiene una cruz dorada del XVI. La barroca peana compuesta de ángeles y abigarrados volúmenes que sostiene en el Tesoro a esta monumental custodia procesional, es del siglo XVIII, de ejecutoria muy afín a Narciso Tomé. Sobre carroza de precisa nivelación y acción mecánica, la custodia de Arfe compone en las calles toledanas, en la festividad del Corpus Christi, el más impresionante conjunto procesional de la catolicidad.

Finalmente, la magna cruz procesional de la Catedral, obsequio al templo primado de España, de Alfonso V de Portugal.

La Transfiguración desde el interior del Coro. Catedral.

EL CORO

Dos sillerías componen el Coro, conjunto de singular belleza, sin unidad de estilo y, sin embargo, de perfecta armonía. La sillería baja es gótica y narra en cincuenta y cuatro tallas la conquista del reino de Granada. Rodrigo Alemán es su autor y deja para la historia un fiel documento de la época, en cuanto a detalles de composición bélica, armería y aditamento militar. La sillería alta es renacentista. La parte del Evangelio es obra de Felipe Bigarny y la de la Epístola de Alonso de Berruguete.

El conjunto está realizado entre 1539 y 1543, y es la suma más espectacular del acabado plateresco de Bigarny y el calenturiento y retorcido sentido del arte y de la vida del castellano Berruguete.

Al fondo, parte alta central "La Transfiguración", obra magna en alabastro, también de Berruguete.

Piezas sorprendentes son el Aguila del facistol; los dos atriles de Nicolás de Vergara; el Altar de Prima junto a la reja, en delicada filigrana renacentista, de hierro, y probable obra de Villalpando; sobre este altar, la delicada Virgen Blanca, pieza singular de la imaginería española.

La reja que cierra este acabado conjunto de artes que es el Coro Mayor de la Catedral es obra de Céspedes.

En pocos metros —entre el Coro y la Capilla Mayor—, se entabla en la Catedral de Toledo un doble duelo de competencia artística, que proporciona, en suma, al templo primado unos valores de características únicas.

En el Coro se da el encuentro y competencia entre Berruguete y Bigarny: en la rejería, frente por frente y paralelas, el duelo Céspedes —en la del Coro— y Villalpando —en la del Altar Mayor—. Ambas rejas no comparables y sí por siempre distintas —un paralelismo simbólico—, componen la mayor obra de la rejería mundial, en la utilización del hierro; y si una —la de Villalpando, es impecable y fastuosa en cuanto a la obra por la obra misma y en la utilización del metal—, la de Céspedes, puede considerarse perfecta en cuanto a interpretación funcional en orden a la visualidad y amplitud de ángulos libres.

Sillerías del Coro. Catedral.

Sillería del Coro. Catedral.
"San Juan Bautista", por Alonso Berruguete.

Trascoro. Catedral.

LA CAPILLA MAYOR

Sobre la crestería plateresca de la reja de Villalpando, las armas imperiales de Carlos V. Los dos púlpitos laterales son igualmente joyas de aquel culto artista. La riqueza de formas y trazados, el colorido del sobredorado, la armonía, son de un efecto basado en una realidad por demás justificada.

El Altar Mayor está situado sobre una amplia gradería que cubre la única cripta de la Catedral; más bien semicripta, pues así es la que sirve de capilla al llamado Santo Entierro

En los laterales del Altar Mayor, presbiterio, parte alta, ornacinas góticas con escudos en donde campean las armas de Castilla y León, enterramientos de Sancho el Bravo, Sancho el Deseado, Alfonso VII, el Infante don Pedro, don Sancho Capelo, don Sancho de Aragón, hijo de Jaime I el Conquistador y don Sancho de Castilla, hijo de San Fernando, todos ellos conocidos por los Reyes Viejos.

El monumental retablo fue realizado en los primeros años del siglo XVI, a instancia del Cardenal Cisneros, y, entre los artistas que trabajaron en él, destacan Copín y Petit Juan. Constituye el conjunto una monumental aportación —y última— a la historia de la escultura gótica. Todo él en madera policromada.

La predela está formada por escenas que representan el Lavatorio, el martirio de San Eugenio, la Oración en el Huerto, la Santa Cena y una Virgen en plata policromada del siglo XIV. Los cuatro pisos y cinco calles escalonadas que componen el resto del retablo tiene escenas separadas por infinidad de columnitas góticas. Los temas que se pueden admirar son: en el centro la Custodia, obra de Copín y probable modelo de Arfe para realizar la suya, Nacimiento y la Asunción.

En los laterales, la Flagelación, Ecce-Homo, la Verónica, la Anunciación, la Piedad, la Adoración de los Reyes, la Circuncisión, los Santos Inocentes, Pentecostés, Resurrección y la Ascensión.

Un Calvario de grandes proporciones y sobrio patetismo remata, en la altura de la bóveda, el monumental retablo.

La luminosidad interior del templo catedralicio toledano, hace posible admirar en todos sus detalles los diversos conjuntos que se ofrecen al visitante.

Capilla Mayor. Catedral.

Retablo de la Capilla Mayor. Catedral

Transparente. Catedral.

"Las lágrimas de San Pedro". De la serie del apostolado de "El Greco"

← "El Expolio" de "El Greco". Sacristía de la Catedral.

Transparente. Catedral.

EL TRANSPARENTE

El Transparente de la Catedral, representa en Toledo, lo que fue y debe ser, en un conjunto —templo y ciudad— la aportación a través de los tiempos de los más diversos estilos y épocas.

Narciso Tomé y sus cuatro hijos, supieron que la Catedral, más que cargas contrarrestadas tiene cargas de aplomo y pudieron ir a un rompimiento de la clave, sin hacer peligrar la estabilidad de ninguno de sus componentes.

El mármol por el barroco, en una culminación de formas suaves y mórbidas, adquiere características, aparentes, de blandura y ductibilidad.

Sobremontada, presidiendo una Cena de composición y perspectiva un tanto efectista y escenográfica, una Virgen. Los temas y símbolos Eucarísticos —incluídas las escenas del Antiguo Testamento, pinturas al fresco en el mismo rompimiento, con la historia de José y sus hermanos— presiden todo el conjunto.

Obsérvese la riqueza de mosaicos, composiciones florales, etc., formados con magistral exactitud con mármoles de las más variadas clases; la caída de un ángel de perfecta anatomía al descubierto, la innumerable serie de figuras y, por último, aunque parezca accesorio, pero es primordial, los juegos de mármol redondeado, cual olas petrificadas, precursoras de un Gaudí en arquitectura y formas naturalistas —"La Pedrera", en Barcelona— y antecesoras de Buontalenti, en la "grutta" del jardín de Boboli, en Florencia.

Obra maestra del churriguerismo español, considerada por muchos una de las maravillas del mundo en arquitectura y estilo, apoteosis del barroco, a caballo entre los citados Buontalenti y Gaudí, El Transparente de la Catedral de Toledo, es pieza esencial y permanente de los más variados estudios y especulaciones. Pieza arquetípica de estilos, y ejemplo, cita y señal de cualquier antología. Podrá ser siempre discutida en cuanto a apreciaciones estéticas, pero nunca deberá considerarse como una obra de arte mediocre.

Sirva de símbolo al quehacer de las generaciones presentes y venideras, sino —como es natural— en el ámbito catedralicio, sí por el contrario en el área de una ciudad que admite todas las tendencias y aglutina todos los tiempos.

Puerta de los Leones. Catedral. Interior. —

Interior de la Catedral.

←

Capilla de Santiago →

LA ROCA, SIMBOLISMO Y REALIDAD

He aquí la Roca. Milenaria e imperial. Inmóvil y transfigurada.

La que soporta la existencia desde los aluviones del Gran Interglacial. Graveras de Pinedo y fósiles de Buenavista; mamut y silex musteriense. ¿Un latido de miles y miles de años? Transcurso de aguas y márgenes cambiantes.

Profundidad y superficialidad, surco y paramera. Las horas, los siglos, los milenios: es la historia del Tajo, reloj de un lugar.

He aquí la Roca: es Toledo, la Ciudad de las siete colinas. Con la "mesa" de Ocaña, la planicie manchega, la aridez sagreña, la dulzura —verdes y azules— de Talavera, la bravura agreste del alto monte en el cercano sur, por donde el río Huso y la mano del hombre —sobre la piedra ciclópea— hacen de la "ciudad" de Vasco, incógnita, misterio y clave.

Iberos y celtas en los lares de la constante fusión. Y con Roma de la mano, en la órbita histórica del Imperio, desde la *pax octaviana,* anarquía militar, invasiones y cristianización, hasta administración y acción bélica, dioses y artes, alegrías y amarguras, intrigas y política.

De Mérida a César Augusta y Tarraco por Toletum y Complutum. Vía y curso.

He aquí la Roca: es Toledo y Roma. Capiteles y columnas, circo y anfiteatro, necrópolis y termas, mosaicos y cerámicas. Ciudad de los Concilios, Teología y Derecho.

Toledo, capital de España, desde el reinado de Atanagildo. Sede real y sentido centralista y unitario ante la división. Primeras llamaradas para un crisol aún no retirado del fuego de la historia.

La fusión artístico-cultural hispano-romano-germánica. Misión difícil hasta la conversión de Recaredo. Clave reservada a la Iglesia. Fórmulas de convivencia pronunciadas en Concilios (año 400 al 702).

Primacía eclesiástica; escuela de San Eugenio, primer arzobispo de Toledo, formado en la de San Isidoro de Sevilla; monasterio agaliense; en arquitectura, el foco toledano con típico cimacio y en las artes suntuarias las coronas votivas de Guarrázar.

He aquí la Roca: es Toledo, católico, conciliar y gótico.

Puerta de los Leones .Catedral. Exterior

Casa de Munárriz.

– Calle de la Campana.

CONTINUACION DE LA HISTORIA INACABABLE

"Conquista" —en su más noble acepción— musulmana, seguida de una invasión de "lo arábigo". Muy pocos, debieron de verificar una intensa fusión racial, para llegar a una dominación de ocho siglos.

Y Toledo se hace medular en el Califato, con su comunidad judía —descontenta, pero enraizada, desde el III Concilio—, y su comunidad cristiana con el obispo al frente.

¿Moriscos, mozárabes, muzárabes? ¿Hebreos, sefarditas, judíos? ¿Cristianos viejos, católicos, arrianos? ¿Arabes, "moros", mahometanos?

Convivencia, tolerancia y comprensión. Todos en Toledo; también con sus luchas y delicadezas, vicios y virtudes, con sus aportaciones a la historia, al arte, a la literatura, a la moral y a la política.

He aquí la Roca: es Toledo e Israel. Con su Escuela de Traductores, médicos y matemáticos, Maimónides y su "Guía de descarriado", suma teológico-filosófica del judaísmo, Ben Hanoc, Jehuda Aleví, Aben Gabirol, banqueros y prestamistas... para después llegar Alfonso el de las Partidas y con él Castilla —centro y médula, sustancia e imán— a la "media aetasis hispánica".

Quedaba atrás la solera: el templo, la mezquita y la sinagoga.

Pasaron los reyes y los gobernantes, la paz y la revuelta, cardenales y monjes, motines y cortejos, conquistadores y artistas, truhanes y santos.

Desde los "Anales toledanos" hasta ayer en el Alcázar cesáreo, por la línea toledana del Tajo pasan las historias de España, los hombres y las artes, la Historia de la Iglesia, a través de los grandes cardenales, como Jiménez de Rada, Cisneros, Tavera, Silíceo,, Lorenzana, Gomá...

Comunidades, comuneros, oficios, gremios y hermandades, fueros y privilegios.

El Cid en San Servando y los elementos de Euclides, el Almagesto y el Algebra de Alhwarazmi, traducidos en la escuela toledana.

Y desde Juan Manuel hasta el Arcipreste de Talavera es una culminación que corona Rojas con "La Celestina". Cervantes camina —ciudad y campos— para terminar castellano de Toledo.

Calle de Agustín Moreto

Estación de ferrocarril.

Fragmento de altorrelieves del monumento a la gesta alcazareña.

DESDE SAN MARTIN

Las aguas del Tajo siguen su curso, después de abrazar a la ciudad de la roca, atravesando desde Alcántara una hendidura geológica.

Es San Martín puente de cinco arcos gótico-mudéjares, arquitectura militar de recia fortaleza, con torreón almenado de forma octogonal. Se inicia su construcción a mediados del siglo XIII; en el XIV se procede a una primera reconstrucción y tiene posteriores restauraciones y reparaciones, añadiéndose elementos ornamentales en las sucesivas épocas del arzobispo Tenorio, el emperador Carlos V y el rey Carlos II. El escudo de Toledo en la puerta es de gran perfección; las bolas de granito que rematan los diversos tramos configuran al puente y le proporcionan una agradable perspectiva.

Desde el puente, aguas abajo, podemos ver los restos de un paso romano, del que sólo quedan los machones sumergidos y un torreón semiderruído, cabeza del viejo puente. Conocido este torreón por los Baños de la Cava, da origen a una bella leyenda —posible final "hermoseado" de triste historia— recogida por el propio Fray Luis de León en romántico poema.

Todo en estos lares rezuma voladora fantasía. El río, aguas abajo, se ensancha, se extiende y discurre lento entre remansos y zonas de espesa vegetación, hasta los parajes de San Bernardo.

A la derecha, el monumento al Corazón de Jesús y la Ermita del Cristo de la Vega, edificada en el siglo XIV y restaurada repetidas veces. Sobre el pórtico, una imagen de Santa Leocadia, obra de Berruguete. En la ermita, el ladrillo sigue jugando la baza del estilo mudéjar. El Cristo de la Vega es una famosa imagen de singular característica. Jesús en la cruz, desclavado y caído uno de sus brazos, da origen a la popular leyenda que versificada por Zorrilla lleva por título "A buen juez, mejor testigo".

Más hacia el fondo del paisaje que estamos admirando desde el puente de San Martín, la que fue famosa Fábrica Nacional de Armas. Carlos III ordenó crear en Toledo una fábrica de espadas, digna sucesora de los legendarios aceros toledanos, aunque hasta 1777 no se construye el actual centro, según traza del gran arquitecto Francisco Sabatini. Hoy Empresa Nacional Santa Bárbara, continúa en la espadería el noble linaje que heredó de sus antecesores.

El Alcázar.

Puente de
San Martín.

Patio del Alcázar. En el centro la estatua de Carlos V.

Figura central del monumento a los Héroes del Alcázar.

Al fondo la nueva Academia de Infantería. Jardines y en primer término una de las esculturas que adornan el monumento a los Héroes del Alcázar, obra de Juan de Avalos.

Castillo de San Servando.

DEL GOTICO A LA ARQUITECTURA CALIFAL

Continuamos sobre el puente de San Martín. Ahora nuestra mirada contempla el descenso de las aguas. Rocas y peñascales "rodadero" y angostura; los grises y pardos polvorientos sustituyen a los frescos verdes de huerta y remanso.

Sobre un cerro se alza la Ermita de la Virgen de la Cabeza, de popular romería. Saltan de peña en peña, de risco en risco, los típicos cigarrales, construcción característica del campo toledano contiguo a la ciudad, lugares de recreo y esparcimiento de los toledanos a través de los tiempos. Tirso de Molina nos narra aconteceres, nos susurra consideraciones en sus conocidos "cigarrales" de Toledo.

Sobre los rodaderos, derrumbaderos, en lo alto, se configura un Toledo apretado en friso de las más variadas edificaciones; desde la más humilde hasta el contorno majestuoso; desde "Roca Tarpeya" —Casa-Museo de Victorio Macho— hasta la silueta del Monasterio de San Juan de los Reyes.

San Juan de los Reyes, monasterio franciscano, se construyó por mandato de los Reyes Católicos, en 1477, en conmemoración de la batalla de Toro. Con esta batalla se dio por finalizada la lucha que los Reyes Católicos se vieron precisados a sostener contra el Rey Alfonso V de Portugal, quien apoyaba los pretendidos derechos de doña Juana, llamada "la Beltraneja", a la corona de Castilla.

San Juan de los Reyes, después de la Catedral, es la construcción gótica más importante de la ciudad. Su antecedente arquitectónico está en el monasterio de Batalha, en Portugal. Fue su arquitecto Juan Guas. El interior del templo es fastuoso, pero pieza sorprendente es el claustro. La riqueza imaginativa, la variedad, la tracería de los arcos sugieren un optimista estado de ánimo. La escalera, en un ángulo —con cúpula plateresca—, es de Covarrubias. El claustro alto es un prodigio de equilibrio y luminosidad. Las gárgolas son elementos pletóricos de gracia y fantasía.

Por la calle de los Reyes Católicos llegamos a Santa María la Blanca, en un día sinagoga. Arquitectura musulmana —califal— las arcuaciones nos recuerdan a la Mezquita de Córdoba, con diferencias estilísticas y de ejecución.

La riqueza y variedad de los atauriques es uno de los elementos más dignos de admiración. Su origen puede remontarse al siglo XIII. Los altares son platerescos del año 1550. La carpintería de las puertas, mudéjar.

Santa María la Blanca. Interior.

Monasterio de San Juan de los Reyes. Claustro. —

EL MILAGRO DE LA CONTINUIDAD

En Santa Ana, bocacalle de los Reyes Católicos, entre Santa María la Blanca y la sinagoga del Tránsito, se encuentra la Casa-Museo de Victorio Macho, en "Roca Tarpeya".

Rincón toledano por excelencia, allí se conservan las más excelsas obras del genial escultor palentino, que vivió los últimos años de su vida en la Ciudad Imperial.

La escultura contemporánea española tiene en este museo la más pura y genuina representación. Destacan dos obras de superior categoría, la denominada "La Madre", y la estatua yacente del hermano de Victorio Macho, Marcelo.

Colección de dibujos y una serie impresionante de las más ilustres testas españolas de nuestros días, completan, junto a reproducciones, bocetos, proyectos y diseños, una obra de gran categoría. Por doquier, las figuras de Cajal, Marañón, Galdós, León Felipe, Unamuno, Menéndez Pidal, Benavente, Madariaga, así como fragmentos de los grandes monumentos que Victorio Macho erigió en América.

Después de descansar en el paseo del Tránsito y de contemplar el paso del río Tajo, entre curvas y angosturas, los cerros sobre los cuales se asientan los cigarrales y el sencillo monumento al genial pintor cretense Domenico Theotocopulos, penetraremos en la sinagoga del Tránsito. Fue erigida a expensas de Samuel Ha-Leví, tesorero del rey don Pedro. Es edificio de mediados del XIV. Tenemos que destacar la yesería, de indudable riqueza artística, y el soberbio artesonado.

La llamada Casa-Museo de El Greco y su delicioso jardín está asentada sobre las edificaciones —sólo se conservan los sótanos— de la que fue mansión de Samuel Ha-Leví.

Edificio, patio y jardín es el más completo ejemplar de casa toledana, conservada en todos sus elementos ornamentales y arquitectónicos con suma integridad; la reconstrucción, de ambiente y decoración, hacen de este lugar uno de los más propicios y mejor preparados en el ambiente turístico. El recuerdo y la fantasía hacen posible un diáfano vuelo, evocador de hechos y circunstancias.

Casa - Museo de El Greco. Desde el jardín.

EL GRECO EN SU SITIO

Domenico Theotocopulos, llamado "El Greco", nació en la isla de Creta —tal vez en Candía— probablemente en el año 1541. Es uno de los genios más sorprendentes de la historia universal de la pintura. Intérprete inimitable de la trascendencia y religiosidad que gravitan en el alma española, supo llevar a sus cuadros un **hálito** místico y una originalidad sublime con la estilización de las figuras.

El Greco llega a Toledo, después de pasar por Italia, entre 1576 y 1577. Lo trae don Diego de Castilla, deán de la Catedral, con el objeto de que arregle y decore, según legado del que era mandatario don Diego, la iglesia del convento de Santo Domingo el Antiguo. Falleció el cretense el 7 de abril de 1614, siendo enterrado en Toledo en la citada iglesia.

La enorme personalidad del pintor así como el análisis más completo y original de su obra, dada su magnitud, puede encontrarlas el lector de manera detallada en la obra de Manuel B.Cossío "El Greco". También la lectura de los textos de Marañón sobre el cretense y Toledo, es recomendable, para comprender muchas circunstancias del acontecer toledano y del famoso pintor.

En la Casa-Museo de El Greco se conserva una colección completa, procedente del Hospital de Santiago; el famoso plano de Toledo que sostiene el hijo del pintor, un crucifijo, San Bernardino de Sena y el Beato Juan de Avila.

Otros lienzos que figuran en esta pinacoteca son de Luis Tristán, discípulo de El Greco, de Mazo, Valdés, Carreño, los Bassano y Espinosa. Este conjunto artístico, reconstrucción y conservación, se debe a la Fundación Vega-Inclán.

Encontrándonos en pleno barrio de la judería, es curioso observar la configuración de las calles, todas ellas estrechas y retorcidas. Así la de Leví, a la salida de la Casa-Museo, la de Judería y la de San Juan de Dios, a través de la cual se llega a la plaza del Conde de Fuensalida, en donde se encuentra la iglesia de Santo Tomé y el palacio de Fuensalida. La iglesia de Santo Tomé tiene una de las mayores torres mudéjares de Toledo, y su fama proviene de albergar entre sus muros el célebre cuadro de El Greco "El Entierro del Conde de Orgaz", considerado por algunos críticos como la obra cumbre del pintor cretense.

En el crucero se alza una excelente talla estofada representando a San Elías, en el Altar Mayor se ve un lienzo, obra de Vicente López, y un Cristo de Tristán en una capilla lateral.

— Casa - Museo de El Greco.

← Patio de San Pedro Mártir.

Convento de Santo Domingo el Real.

«EL ENTIERRO DEL SEÑOR DE ORGAZ» UNA EVOCACION PERPETUA

Este portentoso lienzo, pintado por El Greco, constituye un homenaje póstumo al señor de Orgaz, don Gonzalo Ruiz de Toledo. Hombre piadoso, dedicó grandes bienes al servicio de los templos. El de Santo Tomé fue uno de los beneficiados por mandas instituídas. Pero, al no pagarlas los vecinos del pueblo, se interpuso un pleito que fue ganado por el párroco don Andrés Núñez. Encargó entonces a El Greco que pintase en memoria de don Gonzalo Ruiz el sepelio de éste, apareciendo en el cuadro la milagrosa asistencia de San Esteban y San Agustín —figuras que sostienen el cuerpo del señor de Orgaz— dada la devoción que el Conde les profesó en vida.

El lienzo, realizado a la manera italiana —dos partes claramente definidas— ha sido estudiado hasta la minuciosidad, considerándosele una obra maestra de la pintura universal. En la parte alta se aprecia una zona celestial presidida por el Salvador, María y San Juan Bautista. Las nubes dejan entrever a San Pedro, arcángeles, ángeles y bienaventurados. El alma del señor de Orgaz se representa en forma de niño desnudo y es transportada por un ángel.

La parte baja está compuesta por un fabuloso friso de retratos. Son nobles toledanos, frailes, clero parroquial y acompañantes. El niño que sostiene un hachón encendido, se ha insinuado que pudiera ser Jorge Manuel, el hijo del pintor.

El cuadro requiere una detenida observación. Cabe admirarlo sutilmente, apreciando el vuelo de manos, las miradas, el cromatismo de ropajes, las transparencias...

Por último, he aquí un apéndice a este capítulo:

La calle de Santo Tomé, dedicada con toda justicia al doctor Marañón, muestra un singular embeleso. Así, es posible contemplar un Crucifijo bajo un tejadillo y un farol, el convento de San Antonio en un extremo, la iniciación de la calle del Angel plena de encanto, la total estructura gótica del callejón de Bodegones; tiendas varias, en las cuales la espadería, el grabado y el damasquino encontró lugar; y, por doquier, las cerámicas de Toledo, Talavera de la Reina y Puente del Arzobispo. La Iglesia del Salvador, que cierra la calle, conserva en su interior esplendorosas piezas del arte visigótico.

Por la calle de El Salvador se llega a la plaza del Generalísimo; por la calle de la Trinidad a la de Hombre de Palo y, seguidamente, por la calle del Comercio a Zocodover.

Torre de Santo Tomé.

"El entierro del Conde de Orgaz", de El Greco. Iglesia de Santo Tomé.

Real Monasterio de San Juan de los Reyes.

EL ALCAZAR

El Alcázar de Toledo fue construído entre 1538 y 1551. En el lugar siempre hubo fortaleza militar, modificada a través del tiempo, hasta llegar a Alfonso Covarrubias que le diseña en casi su actual aspecto y estructura.

Su historia es amplia, densa y gloriosa. Palacio de Carlos V, Academia Militar desde 1883 —cuna de la Infantería española— es en los tiempos modernos el episodio heróico de características más simbólicas. Su estado actual es fruto de una total reconstrucción. En julio de 1936 se convierte, merced a sus defensores en el baluarte asediado, tras dos meses y medio de soportar violentos ataques.

El jefe de la fortaleza, Moscardó, es la figura sobresaliente de la gesta del Alcázar, que fue objeto de cañoneos y voladuras hasta convertir el recinto en un ingente montón de ruinas, no consiguiéndose la rendición del baluarte, a pesar de las amenazas de muerte, llevadas a cabo, sobre un hijo del General.

La fachada sur, reconstrucción perfecta de los maestros Francisco Hernández y hermanos Béjar, es de Juan de Herrera. En el patio central, grandioso de proporciones y belleza, se yergue una estatua en bronce de Carlos V. Los cuatro torreones son diferentes entre sí, al igual que las fachadas. Es interesante la visita al Museo del Asedio, a la Cripta, dependencias y sótanos. En siglos pasados sufrió incendios fortuitos. En sucesivas reconstrucciones fue perfeccionando su línea, hasta llegar al estado actual. Situado en una de las lomas más altas de Toledo su imponente mole es visible desde cualquier lugar

En la esplanada comprendida entre el corralillo de San Miguel y la fachada y plaza de Capuchinos, se erigió en 1961 un bello monumento, dedicado a la Victoria y a los héroes y caídos del asedio. Es obra de Juan de Avalos.

La Victoria, en bronce, de paños desplegados configurando alas, ofrece la espada del triunfo. En la parte posterior una Piedad se refleja en las aguas de una pequeña clepsidra. Pueden contemplarse jardines, amplias escaleras, mosaicos que componen un águila imperial sobre el pavimento, dos figuras clásicas y plenas de serenidad, y un friso simbólico que recoge como fondo todo el monumento.

Las figuras del friso son dignas de la mayor estimación artística.

Detalle exterior del Monasterio de San Juan de los Reyes.

Calle de los Reyes Católicos. A la derecha, la Escuela de Artes Aplicadas y Oficios artísticos.

Palacio de los condes de Fuensalida.

Palacio de Galiana. Huerta del Rey.

PANORAMICAS

Desde un paseo inmediato al monumento alcazareño, mirador sobre el río Tajo, se yergue la nueva Academia Militar de Infantería.

El Castillo de San Servando gravita sobre un cerro y es, actualmente, Colegio Menor de la Organización Juvenil Española. Se conserva en perfectas condiciones, y el interior adaptado a las exigencias docentes. En su aspecto actual data del siglo X, siendo Arzobispo Tenorio. Sirvió de sede a Ordenes Militares y es fortaleza de gran estrategia. Desde el Castillo se domina toda la vega del Tajo, llamada Huerta del Rey; a lo lejos, el también reconstruído Palacio de Galiana, a orillas del Tajo, y, en primer término, la estación de ferrocarril .

El puente de Alcántara es de origen romano, con modificaciones y arreglos posteriores. La esbeltez del arco central acrecienta la belleza del conjunto. Un torreón tiene rastrillo y doble puerta; la más exterior, barroca, data de 1721. Alfonso X lo reforma y modifica en 1258; los Reyes Católicos también lo restauran y de estos monarcas existe un escudo.

En un nicho, y atribuída a Berruguete, se conserva una imagen de San Ildefonso.

Por el paseo de la Rosa llegaremos a la estación de ferrocarril, un espléndido ejemplar en todas sus partes de estilo mudéjar. Azulejería, carpintería, vidrieras y rejería son un claro exponente de la continuidad tradicional en la construcción y ornamentación toledanas, en pleno siglo XX.

Desde el puente de Alcántara por la ronda de Juanelo y la puerta de Doce Cantos llegaremos a la calle de Cervantes. En la parte más alta, y prácticamente en la misma plaza de Zocodover, nos encontramos con el Hospital de Santa Cruz de Mendoza, de portada plateresca construída entre 1504 y 1514. Es éste uno de los complejos culturales más insignes de Toledo, teniendo en cuenta de que en él se alberga el famoso Museo de Santa Cruz y la Casa de la Cultura, archivos, patios, jardines, galerías y dependencias, todo ello de una categoría singular y excepcional.

En la pinacoteca formada por colecciones de diversa procedencia, más las propias, se exhiben piezas de gran valor; por ejemplo, quince Grecos, entre ellos la Asunción de la Virgen, una de las últimas obras del pintor cretense, y el San José con el Niño.

Museo de Santa Cruz. Emperador Carlos V. 1575. En plata sobredorada.

Patio del Museo de Santa Cruz.

Vista general de una de las naves del Museo de Santa Cruz.

— Escalera del Museo de Santa Cruz.

DE LA TEORIA Y DE LA PRACTICA

Una de las ideas más claras y a la vez más difíciles de asimilar, es aquella que se puede adquirir, para *conocer* Toledo, recorriendo alguno de sus viejos barrios. Parece indudable, y así se marca en su configuración, que siempre debió existir en Toledo un gran bache entre cualquier rama del triple poder —eclesiástico, civil y militar— y la población natural que constituye la urbe; sin embargo, esta visión, de estructura mediocre, aunque muy curiosa, es necesario conocerla, para comprender a Toledo, ciudad más de comprensión que de explicación. Se trata de una visión casi inédita, dentro de los itinerarios "muy marcados".

Por todo ello, os ofrecemos unos itinerarios un tanto insólitos, pero que también son Toledo, como lo es el ensanche urbano, actual y moderno.

Comenzaremos este recorrido en el llamado corralillo de San Miguel a los pies mismos de la mole alcazareña; una mole que parece proteger —aunque en realidad nunca fuera así— al menudo caserío que vamos a contemplar. La torre que vemos es la de San Miguel; por la bajada del mismo nombre se llega a la plaza de San Justo, también con torre e iglesia parroquial. La plaza contiene edificios de estimable figura. Calles y callejones inmediatos a la plaza de San Justo tienen por nombre Calavera, Toro, Niños Hermosos...

Desde la cuesta de San Justo, prolongación de la bajada, iremos a la plaza del Colegio de Infantes. El Colegio de Infantes, de notable portada aunque muy deteriorada, es fundación cardenalicia importante, en donde Siliceo quiso proporcionar estudios a los "seises" o cantores de la Catedral. Subiendo la calle del Barco alcanzaremos la plaza Mayor, si bien antes, en un ensanche a manera de plaza nos encontraremos en la Posada de la Hermandad, antigua cárcel y sede de los cuadrilleros. La fachada y escudo es digna e importante. A continuación observamos un mercado de abastos y, ya en plena plaza Mayor, el Teatro de Rojas sobre amplia escalinata; se asienta en el que fue llamado Mesón de la Fruta, lugar de representaciones teatrales del Siglo de Oro españól. El actual coliseo dedicado a Rojas data del siglo pasado, es de típica herradura y decoración romántica. El Hospital del Rey, frente al teatro, tiene una hermosa fachada de los siglos XVI y XVII y contiguos están los muros más modernos de la Catedral.

En la plaza podemos ver una fuente sencilla, diseñada por Fernando Chueca, con hierros de Julio Pascual.

La Catedral desde la plaza de San Justo. →

BAJADA
DE
SAN JUSTO

Los "martes", típicos y curiosos mercados.

EL LABERINTO

Desde la plaza del Colegio de Infantes, por la bajada del Barco, se llega a las margenes del río. Antes de arribar a éste y a la plaza de Andaque, nos encontramos con los conventos de monjas de clausura de Benitas Recoletas y Jerónimas de San Pablo. El más espléndido ejemplar de casa-palacio toledano, reconstruída por su actual propietario el arquitecto Fernando Chueca Goitia, es la conocida por casa de Munárriz, por haberla habitado un canónigo de tal apellido.

Por el callejón del **Pitote** —estamos adentrados en un Toledo de fuertes sensaciones— se asciende a la plaza de don Fernando. En esta plaza confluye la calle del Pozo Amargo —nombre con leyenda de trágicos e imposibles amores de judía con cristiano—, calle de gran pendiente y que nos conduce hasta la plaza del Generalísimo. A izquierda y derecha de este trayecto se hallan el callejón y bajada del Sacramento, callejón de Cepeda, cuesta de Juan Bautista Monegro, cuesta de los Escalones, callejón de la Garrucha, del Cubo y cuesta de la Tahona. Las perspectivas son muy curiosas y extrañas. En la calle del Ave María, paralela y trasera a la de Pozo Amargo, está el antiguo taller de Molero, último bordador toledano ya en pleno siglo XIX, edificio con notable fachada neoclásica.

Por la calle de Santa Isabel, a raíz de la plaza del Generalísimo, se llega a la plaza del rey don Pedro, de enorme sabor y tipismo. Observaremos el fino encanto del arco que une los edificios de la Travesía, la iglesia de Santa Isabel de Cisneros, el convento de clausura del mismo nombre sobre antiguo palacio, la portada gótico-mudéjar de los Ayalas y la gran portada del Palacio del rey don Pedro, con alero y profusión de temas ornamentales.

El final de la calle de San Andrés desemboca ante los edificios de los Seminarios Menor y Mayor, y frente a la interesante iglesia de San Andrés en cuyo interior se mezclan restos romanos, visigóticos, mudéjares, árabes; es, como bien se ha dicho, un poco el alma y la síntesis de Toledo.

Las inmediaciones de este templo están constituídas por un auténtico laberinto de callejuelas, cuestas, recodos y callejones de todo aspecto y condición: Vida Pobre, Cruz Verde, Plegadero, Juan Bautista Monegro, Sola, son denominaciones llenas de intención o dedicación. A la iglesia de San Sebastián se puede ir desde la plaza de Santa Catalina por el Cristo de la Parra.

Museo de Santa Cruz.

"Cristo" de Francisco de Goya. Museo de Santa Cruz. →

Posada de la Hermandad.

Banderas de la Armada española en la batalla de Lepanto.
Museo de Santa Cruz.

LOS MOZARABES

A pesar de su sencillez, la iglesia de San Sebastián es un cúmulo de historia.

En esta antigua parroquia de Toledo se podría resumir o sintetizar lo que fue y es la liturgia mozárabe. Ha prevalecido el nombre de liturgia y rito mozárabe, no con toda exactitud, aunque sí con toda la gracia y beneplácito que otorga la actitud popular. Para algunos es liturgia "gótica" o "visigótica", "gotohispana" o "isidoriana", y para muchos liturgia "toledana" centro esencial de su conservación, vitalidad y vigencia. La abolición del rito por San Gregorio VII, en el siglo XI, causó graves disgustos entre los cristianos españoles. En Toledo en seis parroquias se siguió practicando. El Cardenal Cisneros lo restaura a principios del XVI, en la capilla del Corpus Christi de la Catedral Primada. Las antiguas parroquias de rito mozárabe se encuentran actualmente reunidas en dos.

Fueron parroquias mozárabes Santa Justa y Rufina, San Marcos, Santa Eulalia, San Sebastián, San Torcuato y San Lucas, todas ellas auténticos ejemplares de la mejor arquitectura, como éste que señalamos de San Sebastián.

Desde la iglesia de San Sebastián es fácil llegar a la plaza de San Cipriano, en donde se encuentra la iglesia de tal advocación y desde allí al antiguo convento de Gilitos. Una anchurosa calle de aspecto manchego y pueblerino nos conduce de nuevo ante el palacio de los Condes de Fuensalida, mansión triste de Carlos V, pues en sus estancias murió su bella esposa la Emperatriz Isabel. Por la travesía del Conde iremos a la calle del Taller del Moro, en la que se halla el museo del mismo nombre, dedicado a las más tradicionales artesanías de la ciudad.

La calle de Alfonso XII sirve de eje a las plazas del Salvador y a la del Padre Juan de Mariana. Desde esta última subiremos por la calle de San Román. La primera edificación importante es el convento de Madre de Dios, monjas dominicas de clausura; el segundo, la iglesia de San Pedro Mártir. En San Pedro Mártir existen ilustres enterramientos entre ellos el del poeta Garcilaso de la Vega. La iglesia y torre de San Román es una noble amalgama de lo visigótico, árabe y mudéjar; ante la torre fue proclamado rey, siendo aún niño, Alfonso VIII. En el interior hay pinturas murales del último período románico. El plateresco se insinúa en sus principios.

Como San Andrés, San Román es un poco el alma y el sentido de Toledo.

Portada del llamado palacio del rey don Pedro. →

Escuelas Graduadas
de Santa Isabel
TWA

Iglesia de San Sebastián.

Iglesia de San Román.

Portada del convento de San Clemente.

Iglesia de San Andrés.

CUESTAS Y MAS CUESTAS

En la calle de San Clemente tenemos la iglesia de dicho nombre, que pertenece a la comunidad de monjas Bernardas. La fachada es atrayente y la portada plateresca de gran belleza. La residencia benéfica de San Pedro Mártir posee uno de los patios más impresionantes de la arquitectura toledana, sólo comparable con el del Hospital de Afuera.

Por la calle de Padilla, podremos llegar a la iglesia de Santa Eulalia, y por la de Esteban Illán a la Casa de Mesa, noble mansión de la que se conserva un magnífico salón suntuosamente decorado de yesería y espléndido artesonado.

Estamos en la plaza de Padilla, solar de los Padillas, los de las Comunidades; en la cuesta de Santo Domingo radica el solar de la casa de Garcilaso, y en la plaza de Santo Domingo la iglesia parroquial de Santa Leocadia con espléndida torre mudejar.

El convento de Santo Domingo el Antiguo es uno de los de más densa historia de Toledo, y está vinculado íntimamente a la vida del pintor cretense.

La cuesta de Santa Leocadia y del Corchete conducen al visitante ante el Colegio de Doncellas Nobles. La traza del edificio es magestuosa. Un arco, o puente cubierto, une dos partes del edificio. Es fundación del Cardenal Silíceo, cuyos restos mortales yacen en la suntuosa capilla, dentro de un sepulcro que es obra escultórica de Bellver.

Siguiendo la cuesta del Colegio de Doncellas nos situaremos en la plaza de las Carmelitas, e iniciaremos el ascenso por la calle Real hasta la plaza de la Merced. El primer edificio de grandes proporciones es la llamada Casa del Nuncio, por ser fundación de monseñor Ortiz, y destinado a Hospital de Dementes.

La Diputación Provincial se asienta en el solar del antiguo convento de la Merced. Es de construcción relativamente moderna y destaca en la fachada principal el cuerpo de la portada.

En la plaza de la Merced iniciaremos el camino por la calle del mismo nombre hasta la plaza de las Capuchinas, sede de uno de los más austeros conventos de monjas de clausura femeninos.

Este núcleo úrbano, cuajado prácticamente de fundaciones conventuales, de calles estrechas y altos muros —Buzones— es el itinerario sobrio de una Semana Santa nocturna, recoleta y silenciosa. Una Semana Santa interior, de "sagrarios" y "monumentos", campaniles y cipreses, cánticos y rezos de coro, cobertizos, rincones evocadores, columnas, pórticos y espadañas.

La Sagrada Familia. Ribera. 1639. Museo de Santa Cruz.

Plaza e iglesia
de Santa Leocadia.

LOS COBERTIZOS Y OTROS ASPECTOS POLIVALENTES

La recta calle de los Buzones nos lleva a la plaza de Santo Domingo el Real. Clausura de dominicas; convento e iglesia de los más ilustres de la ciudad, fundación e historia pletórica de abolengo. En este rincón de Toledo se dan cita todos los encantos románticos de la noche y del silencio. Bécquer no fue ajeno al cálido reclamo y centra parte de su creación, en este recinto de ensueño y dulce misterio. La estructura de la plaza, cipreses y espadañas, columnas y porche producen unos efectos que caen en el terreno de la más pura escenografía preciosista.

Tras el cobertizo de Santo Domingo, a la derecha, el de Santa Clara, de menor longitud, pero en perfecta armonía con el primero.

En la plaza de Santa Clara emerge el convento e iglesia de clarisas de Santa Isabel. Estamos en una sobria plaza y ante la traza fina del edificio en el que radica la Jefatura de Obras Públicas.

Terminaremos este trayecto en la plaza de los Carmelitas, en donde la Orden Descalza tiene iglesia y convento de basto trazado.

El duro andar, callejear por Toledo, requiere fuerte provisión: la perdiz estofada, la tortilla en su variedad castellana, el queso de la Mancha, pueden reponer energías. El dulce llegará con el mazapán, esa extraña magia de almendras, azúcar y, —como alguién dijo— "aire de Toledo".

El muestrario de los recuerdos también es amplio y de calidad. Cerámica de Talavera de la Reina, de Puente del Arzobispo, de Cueva, de Toledo, gracia de las formas, de los colores, ingenuidad y tradición. El damasquinado es un trabajo artesano que adquiere cualidades supremas en los estilos mudéjar y renacentista. Existen en Toledo fábricas y talleres dedicados a esta especialidad. Puede ser considerada como la industria toledana más floreciente y de mayor prestigio. El dibujo se realiza técnicamente incrustando hilo de oro a cincel en las ranuras de la chapa picada previamente en tres direcciones. Los bordados de hilados de Lagartera, Navalcán y Oropesa son otro hermoso capítulo de una artesanía floreciente.

Y, exenta de leyenda, merece citarse la espadería toledana, famosa en el mundo entero y realizada en la actualidad en todas las variedades que comprende la historia de las armas españolas.

Columnas visigóticas. Iglesia de El Salvador.→

Museo "Taller del Moro"

Sinagoga del Tránsito.

Alfarería.

← Museo de Santa Cruz. Cipo funerario hispano-árabe. Siglo XI después de J.C. — Sección de Arqueología.

Vista de la Catedral,
iluminada en la noche.

Espadería.

ESTAMPAS PROVINCIANAS

Es la provincia de Toledo una de las más extensas de España. Sus tierras y su campo muestran mil direcciones. Desde la Castilla literaria y cervantina que tiene por centros —en ruta— Esquivias, Consuegra y El Toboso, hasta la histórica y legendaria de Illescas, Ocaña y Escalona. La Mancha y La Sagra, la "mesa" de Ocaña, la altiplanicie y las estribaciones serranas. Real de San Vicente, Navamorcuende y Almorox saben de pinares y altas cumbres. Tierra de castillos en Oropesa, Guadamur, Maqueda y Escalona; de feraz vega en la zona talaverana. Solera, tradición y gracia en Puente del Arzobispo y Real de San Vicente, Sonseca y Yuncos.

Colegiata de Torrijos, torre octogonal de Tembleque, fuente herreriana de Ocaña, misterio arqueológico e histórico en Santa María de Melque y Vascos, "danzantes" de Camuñas, señorío de Orgaz, monterías y monteros en Los Yebenes y cien lugares, cazadores y cacerías en la rosa de los vientos, molinos del cerro Caldérico, eriales y frondas, leyendas e historias, caracteres y pasiones, todo esto gravita en la provincia de Toledo.

La transformación de las tierras y de los hombres en los últimos años ha sido profunda. Progresa la industrialización y cabe destacar el desarrollo en la producción de cemento en tres importantes centros, Villaluenga, Yeles y Castillejos.

Con tiempo y sosiego, recomendamos al viajero el alto en Illescas. Lo merece la torre mudéjar y la serie de lienzos de El Greco que se conservan en el convento de la Caridad. También son interesantes Maqueda, Talavera de la Reina, Oropesa y Puente del Arzobispo situadas en la ruta general de Extremadura.

Comarcas, como lo son La Sagra o la Mancha, lo es igualmente la Jara, compuesta por lugares llenos de gracia ingenua y agreste, como son Belvís de la Jara, Sevilleja de la Jara, Nava de Ricomadillo, Navalmoralejo y Torrecilla de la Jara.

En las inmediaciones de Toledo es famoso el pueblo de Bargas, pequeña síntesis de todo el ámbito provincial.

Se puede resumir el sentido humano de la provincia como un inmenso crisol. Generaciones y generaciones, al sol de Castilla, han formado la sólida composición de la densidad histórica que tiene cada lugar.

Tierra de Castilla.

Hombres castellanos.

Vestigios del circo romano. Paseo de la Vega Baja.

Torre - atalaya de la iglesia del Buen Pastor. ⟼

TOLEDO HOY

Existe, es indudable, una imagen tópica de la Ciudad Imperial: el considerarla como un agua detenida en las manos inertes de un tiempo ya acabado. Los que así meditan, relegan al olvido la perpetua surgencia de lo bello y las evoluciones humanas. Y todo ello integra una conjunta realidad ardorosa y palpable.

Una ciudad para que lo sea —y Toledo y los que en él viven desean y quieren que sea una ciudad hirviente y también actual— requiere de continuidad. En pro de esa continuidad y vigencia, lucha el toledano.

Estrechado el cerco desde el exterior, supeditada su expansión por la natural configuración topográfica, intocables —como debe ser— algunos aspectos urbanos de la roca que abraza el río, un Toledo actual surge y crece, por esa voluntad de los pueblos que dejan honda huella histórica y se distinguen por su constante presencia. Un Toledo actual, un Toledo de hoy, basado en una urbanística de amplios espacios y limpias perspectivas. Construcciones modernas, viviendas dignas, anchas avenidas, líneas, estilos y materiales del tiempo que nos ha tocado vivir.

En las avenidas de la Reconquista, de Carlos III, de Barber podréis ver una vida y existencia más actual y que, sin embargo, también es Toledo. Una capilla, una torre, una planta comercial de atrevida concepción y realización; esto también es Toledo, porque Toledo, ciudad de siglos, desea y quiere la continuidad, el seguir siendo, y no quedar anclada en el tiempo pasado.

Un paseo por esa zona, que podemos marcar en su principio en la puerta de Bisagra y continuarle por la avenida de le Reconquista,unas imágenes captadas sin prejuicios, os harán comprender muchas razones. Zonas verdes, parques y jardines, la belleza del contraste que marcan las ruinas del circo romano y, a los cincuenta metros, la línea sobria de un edificio construído recientemente por la Compañía Telefónica, factorías dedicadas a la espadería, restaurantes, piscinas, hacen posible el entrañable abrazo del pasado y del presente.

Desde la carretera de circunvalación junto a la ermita de la Virgen del Valle, estribación de peñascales —peña del Moro— **todo, la vista y el concepto, se puede abarcar y comprender, sin limitaciones, pues la grandeza no las admite.**

El sueño dulce en un cigarral debe tener el agradable despertar del presente.

Zocodover y "su" vida.

El Alcázar desde Zocodover →

La plaza Mayor o del Mercado.

¿EL SECRETO DE TOLEDO?

¿El secreto de Toledo? La permanencia. Coger la palabra, el verbo; tomar la acción, la historia: no pasar ni dejar de ser.

Sólo en este viejo y grande escenario pueden tener cabida, sobre piedra inconmovible y sobre reposadas y múltiples civilizaciones, las sutilezas de "los cigarrales" de Tirso, la casi picaresca cervantina, la agudeza psicológica de "la Dominica" benaventina, el sentido social de un proceso "celestinesco" o los desgarrados gritos de Baty. Todo esto y más ha ocurrido en estos callejones, cuestas y plazas. Caminad lentamente, observad, y veréis cómo todavía palpita, sin literaturas, la vida de siempre. Ocurre en San Cipriano, Gilitos, San Andrés, El Barco, Pozo Amargo, San Miguel o San Justo. Ocurre en Toledo, y serán otras formas, es cierto, otros seres, pero el mismo fondo, ocio y oficio: Toledo inconmovible y casi eterno: es su misterio. Quizá el que intuyó Barrés.

Conversando en un cigarral con el ilustre escritor Eugenio Montes, nos dijo, entre otras hermosas palabras aquellas de "que Toledo antes de ser cristiano fue católico .Católico en cuanto de universal tiene, de histórico acontecer, de aglutinante y de síntesis. Los pueblos de Centroeuropa y después Roma estaban aquí antes de que Castilla supiese **que lo era**".

Resulta difícil, viajero, decirte que Toledo sea Castilla. Es más, rotundamente, Toledo es España, quizá lo que a Europa le hubiese gustado ser.

Con su arte, con su historia, con su cultura y civilizaciones, anclada en el espacio, lugar y tiempo, he aquí La Roca, vigente y presente.

El sol ha caído sobre la raya del horizonte una vez más. Mañana volverá a ocurrir y, así, hasta el final de los tiempos. Porque siempre el admirable panorama que veis desde la carretera de circunvalación, dorado por un sol trémulo y cambiante en sus juegos cromáticos, —esa maravilla que se llama Toledo— estará allí.

Una aguja pétrea sobre La Roca. Una roca que se ciñe con cinturón de agua y se eleva hasta el firmamento. Las lenguas de hierro de sus mil campanas hablan...

El éxtasis del horizonte, el sol, la aguja de piedra, La Roca y el Río.

Lo de siempre; el milagro de cada día.

¡Toledo!

El Tajo ¿el secreto de Toledo? ⟼

Puente de Alcántara.

El último reflejo y recuerdo antes de partir.

El río y el crepúsculo.

INFORMACION PRACTICA TOLEDO

La mayor parte de estos datos han sido facilitados por la Delegación Provincial de Información y Turismo de Toledo.

INFORMATION PRATIQUE TOLEDE

La plupart de ces données ont été fournies par la Délégation Provinciale d'Information et Tourisme de Tolède.

PRACTICAL INFORMATION OF TOLEDO

The major part of this information has been facilitated by the Provincial Delegation of Information and Tourism in Toledo.

PRAKTISCHE HINWEISE TOLEDO

Der grösste Teil dieser Angaben, wurde durch die Delegación Provincial de Información y Turismo vermittelt.

VISITA A LA CIUDAD

CATEDRAL. Es la más española de las Catedrales góticas. El coincidir su construcción (1226-1493) con el apogeo del gótico, le aseguró su unidad de estilo, sin perjuicio de haber admitido alguna manifestación múdejar y posteriores aportaciones platerescas, greco-romanas y hasta barrocas, con la obra maestra del Transparente.
Centro ciudad. Puertas de entrada: por la calle del Arco de Palacio (Puerta del Niño Perdido); calle del Cardenal Cisneros (Puerta Llana); calle de la Chapinería o de la Feria (Puerta del Reloj).
Horas de visita: (Tesoro, sacristía, coro, etc.). Verano: 11 a 13,30 y 15,30 a 18,30. Invierno: 11 a 13,30 y 15,30 a 17,30. Precio entrada: 25 pesetas.

MUSEO DE SANTA CRUZ. Instalado en el Hospital de Santa Cruz, fundación del Cardenal Mendoza. Data del siglo XVI. Tiene dos grandes secciones: la de ARQUEOLOGIA y la de BELLAS ARTES.
Calle de Cervantes, a 50 metros de la plaza de Zocodover.
Horas de visita: (Secciones de Arqueología y Bellas Artes).
Verano: 10 a 14 y 15,30 a 19,30. Invierno: 10 a 14 y 15,30 a 19. Precio entrada: 15 pesetas.

EL ALCAZAR. Palacio fortaleza, alzado por el Emperador Carlos V. Adquiere especial mérito por la épica lucha mantenida en él durante el Movimiento Nacional de 1936.
Situado en la parte más alta de la ciudad, es visible desde cualquier punto de la misma. Entrada por la fachada norte.
Horas de visita: Verano: 9,30 a 19,30. Invierno: 10 a 18. Precio entrada: 8 pesetas.

PUENTE DE ALCANTARA. Construido por los romanos y reconstruido por los árabes (siglo X). Debe su aspecto actual a los siglos XII y XIV.
Sobre el río Tajo. Enlaza la calle de Gerardo Lobo con el paseo de la Rosa y Academia de Infantería.

SANTA MARIA LA BLANCA. Antigua sinagoga del siglo XIII.
Calle de los Reyes Católicos.
Horas de visita: Verano: 10 a 13 y 15 a 19. Invierno: 10 a 13 y 15 a 18. Precio entrada: 5 pesetas.

SINAGOGA DEL TRANSITO. Es del siglo XIV.
Callejón de Samuel Leví. Junto a la Casa de El Greco.
Horas de visita: Verano: 10 a 14 y 15,30 a 19. Invierno: 10 a 14 y 15 a 18. Precio entrada: 10 pesetas.

MONASTERIO DE SAN JUAN DE LOS REYES (Iglesia y claustros). Monasterio del siglo XV, construido por los Reyes Católicos. Estilo gótico florido.
Calle San Juan de los Reyes.
Horas de visita: Verano: 10 a 13 y 15 a 19. Invierno: 10 a 13 y 15 a 18. Precio entrada: 5 pesetas.

CASA Y MUSEO DE EL GRECO. La Casa llamada de El Greco se alza en el antiguo barrio judío. En comunicación con la Casa, el Museo guarda una importante colección de obras del pintor.
Calle de Samuel Leví.
Horas de visita: Verano: 10 a 14 y 15 a 19. Invierno: 10 a 14 y 15 a 18. Precio entrada: 10 pesetas. Conjunta para con la Sinagoga del Tránsito.

IGLESIA DE SANTO TOME. Tiene hermosa torre mudéjar.
Travesía del Conde. En esta iglesia se guarda el cuadro de El Greco «El entierro del Conde de Orgaz».
Horas de visita: Verano: 10 a 13,30 y 15 a 19. Invierno: 10 a 13,30 y 15 a 18. Precio de entrada: 5 pesetas.

PUENTE DE SAN MARTIN. De finales del siglo XIII y restaurado en el XIV.
Sobre el río Tajo. Situado a 200 metros de la puerta del Cambrón.

IGLESIA DEL SANTO CRISTO DE LA LUZ. Antigua mezquita del siglo X. El único edificio anterior a la Reconquista que se conserva intacto. Calle del Cristo de la Luz. La visita se puede hacer a cualquier hora del día. Entrada libre.

PUERTA DEL SOL. Construida la mayor parte en el siglo XIV en el estilo mudéjar.

PUERTA DE BISAGRA (Vieja) O DE ALFONSO VI. La parte fundamental es árabe y de principios del siglo IX.
Enclavada entre la calle de Alfonso VI y el Paseo de Recaredo.

PUERTA DE BISAGRA (Nueva). Ampliada y reconstruida en 1550 (greco-romana). Felipe II la hizo decorar en recuerdo del Emperador Carlos V, con el Escudo Imperial. Frente al Paseo de la Vega Alta o de Merchán. Entrada a Toledo por la carretera de Madrid.

HOSPITAL DE TAVERA. De estilo grecoromano. En la parte principal del edificio, el Palacio de los Duques de Lerma guarda magníficas colecciones.
Calle de Tavera y carretera de Avila.
Horas de visita: Verano: 10 a 13 y 16 a 19. Invierno: 10 a 13 y 15 a 18. Precio entrada: 20 pesetas.

POSADA DE LA HERMANDAD. Es del siglo XV.
Calle de la Hermandad.
Horas de vista: Verano: 9 a 14 y 15 a 19. Invierno: 9 a 14 y 15 a 18. Precio entrada: 2 pesetas.

TALLER DEL MORO. Calle del Taller del Moro.
Edificio mudéjar del siglo XIV. Los muros están revestidos de yeserías de ataurice granadino en arcos y frisos. Se conserva en este museo una magnífica colección de artes mudéjares de Toledo, tales como, cerámica, carpintería y cueros.
Horas de visita: Verano: 9 a 14 y 15 a 19. Invierno: 9 a 14 y 15 a 18. Precio entrada: 5 pesetas.

IGLESIA DE EL SALVADOR. Calle de El Salvador, a 100 metros de la iglesia de Santo Tomé. En la iglesia de El Salvador existe una magnífica colección de columnas y pilastras visigóticas.
Horas de visita: Verano: 10 a 14 y 15,30 a 19,30. Invierno: 10 a 14 y 15,30 a 18,30.

CASA-MUSEO VICTORIO MACHO. Situado en la Roca Tarpeya. Casa-Museo donde vivió el célebre escultor hasta su reciente muerte y donde se encuentra reunida la mayor parte de su más importante obra.
Horas de visita: Verano: 10 a 14 y 15,30 a 19. Invierno: 10 a 14 y 15,30 a 18,30. Precio entrada: 15 pesetas.

VUE DE LA VILLE

LA CATHEDRALE. C'est la plus espagnole des Cathédrales gothiques. La coïncidence de sa construction (1226-1493) avec l'apogée, lui assura son unité de style, sans préjudice d'avoir admis quelques manifestations de l'art mudéjar et des apports postérieurs du «platéresque», du grecoromain, et jusqu'au baroque, avec le chef d'oeuvre du «Transparente». Centre de la ville. Portes d'entrée por la rue d'Arco de Palacio (Porte du Niño Perdú); rue du Cardenal Cisneros (Porte Llana) rue de la Chapineria ou de la Feria (Porte du Reloj).
Heures de visite: *(Trèsor, sacristie, choeur, etc.). Eté de 11 h. à 13,30 et 15,30 h. à 18,30 h. Hiver: de 11 h. à 11,30 h. et de 15,30 h. à 17,30. Prix d'entrée: 25 pesetas.*

MUSEE DE SANTA CRUZ. Installé dans l'Hôpital de Santa Cruz, fondation du Cardinal Mendoza. Il date du XVIe s. Il a 2 parties: celle d'Archéologie et celle des Beaux Arts. Rue Cervantes à 50 mètres de la place de Zocodover.
Heures de visite: *(Sections d'Archéologie et Beaux Arts). Eté: de 10 h. à 14 h. et de 15,30 h. à 19,30 h. Hiver 10 à 14 et 15,30 à 19. Prix d'entrée: 15 pesetas.*

L'ALCAZAR. Palais forteresse, élevé por l'Empereur Charles Quint. Il acquiert un mérite spécial pour la lutte maintenue là pendant le Mouvement National de 1936.
Situé dans la partie la plus haute de la ville, il est visible depuis n'importe quel point. Entrée par la façade nord.
Heures de visite: *Eté: de 9,30 h. à 19,30 h. Hiver: de 10 h. à 18 h. Prix d'entrée: 8 pesetas.*

PONT DE ALCANTARA. Construit par les romains et reconstruit par les arabes (X^e). Il doit son aspect actuel aux XIIe et XIVe siècles.
Il se trouve sur le Tage. Il unit la rue de Gerardo Lobo avec la promenade de la Rosa et l'Académie d'Infanterie.

SANTA MARIA LA BLANCA. Ancienne synagogue du XIIIe. Rue de los Reyes Católicos.
Heures de visite: *Eté: de 10 h. à 13 h. et de 15 h. à 19 h. Hiver: de 10 h. à 13 h. et de 15 h. à 18 h. Prix d'entrée: 5 pesetas.*

SYNAGOGUE DEL TRANSITO. Elle est du XIVe. Ruelle de Samuel Levi. A côté de la maison du Greco.
Heures de visite: *Eté: de 10 h. à 14 h. et de 15,30 h. à 19 h. Hiver: de 10 h. à 14 h. et de 15 h. à 18 h. Prix d'entrée: 10 pesetas.*

MONASTERE DE SAN JUAN DE LOS REYES. (Eglise et cloîtres). Monastère du XVe, construit par les Rois Catholiques. Style gothique fleuri. Rue San Juan de los Reyes.
Heures de visite: *Eté: de 10 h. à 13 h. et de 15 h. à 19 h. Hiver: de 10 h. à 13 h. et de 15 h. à 18 h. Prix d'entrée: 5 pesetas.*

MAISON ET MUSEE DU GRECO. La Maison appelée du Greco se trouve dans l'ancien quartier juif. En communication avec la Maison, la Musée garde une importante collection d'oeuvres du peintre. Rue Samuel Leví.
Heures de visite: *Eté de 10 h. à 14 h. et de 15 h. à 19 h. Hiver: de 10 h. à 14 h. et de 15 h. à 18 h. Prix d'entrée: 10 pesetas.*

EGLISE DE SANTO TOME. Elle a une belle tour mudéjar. Galerie du Comte. Dans cette église se trouve le cadre du Greco «L'enterrement du comte d'Orgaz».
Heures de visite: *Eté: de 10 h. à 13,30 h. et de 15 h. à 19 h. Hiver: de 10 h. à 13.30 h.*

et de 15 h. à 18 h. Prix d'entrée: 5 pesetas.

PONT DE SAN MARTIN. Fin du XIIIe et restauré au XIVe.

Il se trouve sur le Tage. Situé à 200 m. de la porte du Cambrón.

EGLISE DU SANTO CRISTO DE LA LUZ. Ancienne mosquée du Xe siècle. Unique édifice antérieur à la reconquête qui se conserva intact. Rue du Cristo de la Luz. La visite peut se faire a n'importe quelle heure. Entrée libre.

PORTE DU SOL. La majeure partie fut construite au XIVe en style mudéjar.

PORTE DE BISAGRA. (Vieille) OU D'ALPHONSE VI. La partie principale est arabe et du début du IXe siècle. Elle est enclavée entre la rue de Alfonso VI et la Promenade de Recaredo.

PORTE DE BISAGRA. (la Nouvelle). Ample et reconstruite en 1550 (gréco-romaine). Philippe II la fit décorer en souvenir de l'Empereur Charles Quint, avec l'écusson Impérial. En face de la promenade de la Vega Alta ou Merchán. Entrée à Tolède par la route de Madrid.

HOPITAL DE TAVERA. De style gréco-romain. Dans la partie principale de l'édifice, le Palais des Ducs de Lerma garde de magnifiques collections.

Calle de Tavera et route d'Avila.

Heures de visite: *Eté: de 10 h. à 13 h. et de 16 h. à 19 h. Hiver: de 10 h. à 13 h. et de 15 h. à 18 h. Prix d'entrée: 20 pesetas.*

POSADA DE LA HERMANDAD. Date du XVe. Rue de la Hermandad.

Heures de visite: *Eté de 9 h. à 14 h. et de 15 h. à 19 h. Hiver: de 9 h. à 14 h. et de 15 h. à 18 h. Prix d'entrée: 2 pesetas.*

TALLER DEL MORO. Rue du Taller del Moro. Edifice mudéjar du XIVe. Les murs sont revêtus de plâtres d'«ataurice» (ornements de fleurs en plâtre) de Grenade en arcs et frises, on conserve dans ce musée une magnifique collection d'arts mudejars de Tolède, comme de la céramique, menuiserie et cuirs.

Heures de visite: *Eté: de 9 h. à 14 h. et de 15 h. à 19 h. Hiver: de 9 h. à 14 h. et de 15 h. à 18 h. Prix d'entrée: 5 pesetas.*

EGLISE DEL SALVADOR. Rue de El Salvador, à 100 m. de l'église de Santo Tomé. Dans l'église de El Salvador existe une magnifique collection de colonnes et piliers visigoths.

Heures de visite: *Eté: de 10 h. à 14 h. et de 15,30 h. à 19,30 h. Hiver: 10 h. à 14 h. et de 15,30 h. à 18,30 h.*

MAISON MUSEE VICTORIO MACHO. Situé à la Roca Tarpeya. Maison-musée où vécut le célèbre sculpteur jusqu'à sa mort récente et où sont réunies la plupart de ses oeuvres les plus importantes.

Heures de visite: *Eté: 10 h. à 14 h. et 15,30 h. à 19 h. Hiver: 10 h. à 14 h. et 15,30 h. à 18,30 h. Prix d'entrée: 15 pesetas.*

VISIT TO THE CITY

THE CATHEDRAL. This is the most Spanish of the Gothic Cathedrals. As its construction (1226-1493) coincided with the apogee of the Gothic, it was assured a unity of style, without prejudice on admitting some Mudejar elements and later on Plateresque, Greco-Roman and even Baroque contributions, the latter in the Window master piece. Centre of the City. Entry doors: in the calle del Arco de Palacio (Puerta del Niño Perdido); calle del Cardenal Cisneros (Puerta Llana); calle de la Chapinería or de la Feria (Puerta del Reloj).

Visiting hours: (Treasure, sacristy, choir ,etc.). Summer: 11 to 1.30 p. m. and 3.30 p. m. to 6.30 p. m. Winter: 11 to 1.30 a. m. and 3.30 to 5.30 p. m. Entrance: Ptas. 25.

SANTA CRUZ MUSEUM. Installed in the Santa Cruz Hospital, founded by Cardinal Mendoza. It dates from the XVI century. It contains two big sections: ARCHEOLOGY and FINE ARTS.

Calle de Cervantes, 50 meters from the Plaza de Zocodover.

Visiting hours: (Archeology and Fine Arts sections). Summer: 10 to 2 p. m. and 3.30 to 7.30 p. m. Winter: 10 to 2 p. m. and 3.30 to 7 p. m. Entrance: Ptas. 15.

THE ALCAZAR. Fortress palace built by the Emperor Charles V. It has acquired special merit on account of the epic struggle during the National Movement in 1936.

Situated on the highest part of the city, it is visible from any point. Entrance through the north façade.

Visiting hours: Summer: 9.30 a. m. to 7.30 p. m. Winter: 10 a. m. to 6 p. m. Entrance: Ptas. 8.

ALCANTARA BRIDGE. Constructed by the Romans and reconstructed by the Arabs (X century). Its present aspect is of the XII and XIV centuries.

On the river Tagus. It links the calle de Gerardo Lobo with the Paseo de la Rosa and the infantry Accademy.

SANTA MARIA LA BLANCA. Former XIII century synagogue. In the Calle de los Reyes Católicos.

Visiting hours: Summer: 10 to 1 p. m. and 3 to 7 p. m. Winter: 10 to 1 p. m. and 3 to 6 p. m. Entrance: Ptas. 5.

TRANSIT SYNAGOGUE. It is of the XIV century. In the Callejón de Samuel Leví. Close to El Greco's House.

Visiting hours: Summer: 10 to 2 p. m. and 3.30 to 7 p. m. Winter: 10 to 2 p. m. and 3 to 6 p. m.

MONASTERY OF SAN JUAN DE LOS REYES. (Church and cloister). XV century monastery, built by the Catholic Kings. Flowery Gothic style.

In the calle de San Juan de los Reyes. *Visiting hours:* Summer: 10 to 1 p. m. and 3 to 7 p. m. Winter: 10 to 1 p. m. and 3 to 6 p. m. Entrance: Ptas. 5.

EL GRECO'S HOUSE AND MUSEUM. The house which is called El Greco's, is to be found in the old Jewish Quarter. Linked to the house, the Museum, contains an important collection of the painter's works. In the Calle de Samuel Levi.
Visiting hours: Summer: 10 to 2 p. m. and 3 to 7 p. m. Winter: 10 to 2 p. m. and 3 to 6 p. m. Entrance: Ptas. 10.

CHURCH OF SANTO TOME. It has a beautiful Mudejar tower.
In the Travesía del Conde. El Greco's picture «The Burial of the Count of Orgaz» is kept in this church.
Visiting hours: Summer: 10 to 1.30 p. m. and 3 to 7 p. m. Winter: 10 to 1.30 p. m. and 3 to 6 p. m. Entrance: Ptas. 5.

SAN MARTIN BRIDGE. Built at the end of the XIII century and restored in the XIV century.
On the River Tagus. Situated some 200 meters from the Cambrón Gateway.

CHURCH OF THE SANTO CRISTO DE LA LUZ. Former X century mosque. The only building of the before the reconquest which is preserved intact. In the Calle del Cristo de la Luz. A visit can be made at any time of the day.
Entrance free.

PUERTA DEL SOL. The major part built in the XIV century in Mudejar style.

BISAGRA GATEWAY (Old) or ALFONSO VI'S GATEWAY. The fundamental part is Arab or the beginning of the IX century. It is situated between the Calle de Alfonso VI and the Paseo de Recaredo.

BISAGRA GATEWAY (New). Wide, reconstructed in 1550 (Greco-Roman). Philip II had it decorated in memory of the Emperor Charles V, with the Imperial Shield.
In front of the Paseo de la Vega Alta or Paseo de Merchan. Entrance to Toledo from the Madrid road.

TAVERA HOSPITAL. In the Greco-Roman style. In the main part of the building, the Palace of the Dukes of Lerma houses magnificent collections.
In the calle de Tavera and road to Avila. *Visiting hours:* Summer: 10 to 1 p. m. and 4 to 7 p. m. Winter: 10 to 1 p. m. and 3 to 6 p. m. Entrance: Ptas. 8.

POSADA DE LA HERMANDAD (THE BROTHERHOOD'S INN). It is of the XV century. In the Calle de la Hermandad.
Visiting hours: Summer: 9 to 2 p. m. and 3 to 7 p. m. Winter: 9 to 2 p. m. and 3 to 6 p. m.

MOOR'S WORKSHOP. In the Calle del Taller del Moro.
XIV century Mudejar building. The walls are covered with ornamental Granada style plaster work with arches and friezes. A magnificent collection of Toledo Mudejar arts, such as ceramics, carpentry and leatherwork, is housed in this museum.
Visiting hours: Summer: 9 to 2 p. m. and 3 to 7 p. m. Winter: 9 to 2 p. m. and 3 to 6 p. m.

CHURCH OF EL SALVADOR (= Saviour). Calle de El Salvador, some 100 metres from the Church of Santo Tomé. In the church of El Salvador, there is a magnificent collection of columns and Visigoth pilasters.
Visiting hours: Summer: 10 to 2 p. m. and 3.30 to 7.30 p. m. Winter: 10 to 2 p. m. and 3.30 to 6.30 p. m.

VICTORIO MACHO'S MUSEUM. Located on the Roca Tarpeya. Museum, housed where the famous sculptor lived until his recent death and where most of his important works are gathered.
Visiting hours: Summer: 10 to 14 p. m. and 15.30 to 19 p. m. Winter: 10 to 14 p. m. and 15.30 to 18.30 p. m.
Entrance: ptas. 15.

BESUCH DER STADT

KATHEDRALE. Sie ist die spanischste der gotischen Kathedralen. Dadurch dass ihr Bau mit der Blüte der Gotik zusammenfiel, war der einheitliche Stil gesichert, der auch durch einige Merkmale des Mudéjar-Stils und nachträgliche platereske, griechisch-römische und sogar barocke Einflüsse, wie zum Beispiel im Transparent, keinen Schaden erlitt.
Liegt im Stadtzentrum. Eingänge: Durch die Strasse del Arco de Palacio (Puerta del Niño Perdido); durch die Strasse del Cardenal Cisneros (Puerta Llana); durch die Strasse de la Chapinería oder Strasse de la Feria (Puerta del Reloj).
Besichtigungszeiten: *(Schatz, Sakristei, Chor usw.). Sommer: 11.00-13.30 15.30-18.30 Uhr. Winter: 11.00-13.30 15.30-17.30 Uhr. Eintrittspreis: 25 Peseten.*

MUSEUM SANTA CRUZ. Ist im Hopital de Santa Cruz, einer Stiftung des Kardinals Mendoza, untergebracht. Datiert aus dem XVI. Jahrh. Hat zwei grosse Abteilungen, und zwar eine archäologische und eine der Schönen Künste.
Liegt in der Strasse de Cervantes, 50 m. von der Plaza de Zocodover entfernt.
Besichtigungszeiten: *(archäologische und Abteilung der Schönen Kunste). Sommer: 10.00-14.00 15.30-19.30 Uhr. Winter: 10.00-14.00 15.30-19.00 Uhr. Eintrittspreis: 15 Peseten.*

EL ALCAZAR. Festungspalast, den Kaiser Karl V. errichtete. Bekommt durch den hier im Jahre 1936 während des Bürgerkrieges

aufrechter haltenen Kampf besonderen Wert. Er befindet sich auf dem höchsten Teil der Stadt und ist von jedem Punkt aus sichtbar. Eintritt durch die Nordfassade.
Besichti gungszeiten: *Sommer: 9.30-19.30 Uhr. Winter: 10.00-18.00 Uhr.*
Eintrittspreis: 8 Peseten.

ALCANTARA-BRÜCKE. Wurde von den Arabern (X. Jahrh.) wiederaufgebaut. Ihr heutiges Aussehen datiert aus dem XII. und XIV. Jahrh.
Sie geht über den Tajo und verbindet die Strasse de Gerardo Lobo mit der Promenade de la Roca und der Infanterie-Akademie.

SANTA MARIA LA BLANCA. Alte Synagoge aus dem XIII. Jahrh.
In der Strasse de los Reyes Católicos.
Besichtigungszeiten: *Sommer: 10.00-13.00 15.00-19.00 Uhr. Winter: 10.00-13.00 15.00-18.00 Uhr.*
Eintrittspreis: 5 Peseten.

SYNAGOGE DEL TRANSITO. Stammt aus dem XIV. Jahrh.
Liegt in der Gasse de Samuel Levi neben dem Haus El Grecos.
Besichtigungszeiten: *Sommer: 10.00-14.00 15.30-19.00 Uhr. Winter: 10.00-14.00 15.00-18.00 Uhr.*
Eintrittspreis: 10 Peseten.

KLOSTER SAN JUAN DE LOS REYES (Kirche und Kreuzgänge). Kloster aus dem XV. Jahrh.; von den Katholischen Königen erbaut. Ornamentaler gotischer Stil.
Liegt in der Strasse San Juan de los Reyes.
Besichtigungszeiten: *Sommer: 10.00-13.00 15.00-19.00 Uhr. Winter: 10.00-13.00 15.00-18.00 Uhr.*
Eintrittspreis: 5 Peseten.

HAUS UND MUSEUM EL GRECOS. Das Haus El Grecos erhebt sich im alten jüdischen Stadtviertel. Zusammen mit dem Haus bewahrt das Museum eine wichtige Sammlung von Werken des Malers in sich auf.
Liegt in der Strasse de Samuel Levi.
Besichtigungszeiten: *Sommer: 10.00-14.00 15.00-19.00 Uhr. Winter: 10.00-14.00 15.00-18.00 Uhr.*
Eintrittspreis: 10 Peseten.

KIRCHE VON SANTO TOME. Hat einen schönen Turm im Mudéjar-Stil.
Liegt in der Querstrasse Conde de Orgaz. Diese Kirche behütet das Bild El Grecos «El entierro del Conde de Orgaz» (Begräbnis des Grafen von Orgaz).
Besichtigungszeiten: *Sommer: 10.00-13.30 15.00-19.00 Uhr. Winter: 10.00-13.30-15.00-18.00 Uhr.*
Eintrittspreis: 5 Peseten.

SAN MARTIN-BRÜCKE. Aus dem Ende des XIII. Jahrh., im XIV. Jahrh. restauriert.
Führt über den Tajo und liegt 200 m von der Cambrón-Brücke entfernt.

KIRCHE DEL SANTO CRISTO DE LA LUZ. Alte Moschee aus dem X. Jahrh. Das einzige Gebäude aus der Zeit vor der Vertreibung der Mauren, das noch erhalten geblieben ist.
In der Strasse Cristo de la Luz. Besichtigung zu jeder Tageszeit möglich. Eintritt frei.

PUERTA DEL SOL (Tor der Sonne). Der grösste Teil dieses Tores wurde im XIV. Jahrh. zur Zeit des Mudéjar-Stils konstruiert.

PUERTA DE BISAGRA (alt.) oder PUERTA DE ALFONSO VI. Der Hauptteil ist arabisch aus den Anfängen des IX. Jahrh.
Wird von der Strasse de Alfonso VI. und der Promenade de Recaredo eingeschlossen.

PUERTA DE BISAGRA (neu). Wurde im Jahre 1550 (griechisch-römisch) wiederaufgebaut. Philipp II. liess das Tor zum Gedenken an Kaiser Karl V. mit dem Kaiserwappen ausschmücken. Es liegt gegenüber der Promenade de Vega Alta oder de Merchán. Eingang in Toledo über die Landstrasse von Madrid.

HOSPITAL DE TAVERA. Griechisch-römischer Stil. Im Hauptteil des Gebäudes werden im Palast der Herzöge von Lerma herrliche Kunstsamm-lungen aufbewahrt.
Liegt in der Strasse de Tavera und Landstrasse nach Avila.
Besichtigungszeiten: *Sommer: 10.00-13.00 16.00-19.00 Uhr. Winter: 10.00-13.00 15.00-18.00 Uhr.*
Eintrittspreis: 20 Peseten.

POSADA (Gasthaus) DE LA HERMANDAD. Stammt aus dem XV. Jahrh. Liegt in der Strasse de la Hermandad.
Besichtigungszeiten: *Sommer: 9.00-14.00 15.00-19.00 Uhr. Winter: 9.00-14.00 15.00-18.00 Uhr.*

TALLER DEL MORO (Werkstatt des Mauren). Befindet sich in der Strasse Taller del Moro. Gebäude im Mudéjar-Stil aus dem XIV. Jahrh., Bogen und Friese sind mit reichen Gipsornamenten ausgeschmückt. In diesem Museum ruht eine prächtige Sammlung der Kunst des Mudéjar-Stils in Toledo, wie z.B. Keramiken, Tischlerei- und Lederarbeiten.
Besichtigungszeiten: *Sommer: 9.00-14.00 15.00-19.00 Uhr. Winter: 9.00-14.00 15.00-18.00 Uhr.*

KIRCHE DEL SALVADOR. In der Strasse del Salvador 100 m von der Kirche Santo Tomé entfernt. In der Kirche del Salvador besteht eine herrliche Sammlung von westgotischen Säulen und Wandpfeilern.
Besichtigungszeiten: *Sommer: 10.00-14.00 15.30-19.30 Uhr. Winter: 10.00-14.00 15.30-18.30 Uhr.*

MUSEUM VICTORIO MACHO. Es befindet sich auf dem Tarpeya Felsen. In diesem heute als Museum eingerichteten Haus lebte der berühmte Bildhauer bis zu seinem Tode und in ihm befindet sich der grösste Teil seines bedeutendsten Werkes.
Besichtigungszeiten: *Sommer: 10.00-14.00*

15.30-19.00 Uhr. Winter: 10.00-14.00 und 15.30-18.30 Uhr.
Eintrittspreis: 15 Peseten.

PARADOR

PARADOR NACIONAL DE TURISMO. Conde de Orgaz, Paseo de los Cigarralles, s/n. Telf. 22 18 50.
PARADOR NATIONAL DE TOURISME. Conde de Orgaz, Paseo de los Cigarralles, s/n. Tél. 22 18 50.
NATIONAL TOURIST PARADOR. Conde de Orgaz. Paseo de los Cigarrales, s/n. Tel. 22 18 50.
PARADOR NACIONAL FÜR TOURISMUS. Conde de Orgaz. Paseo de los Cigarrales ohne Nummer. Tel. 22 18 50.

HOTELES—HÔTELS HOTELS—HOTELS

Categoría 1.ª B

HOTEL CARLOS V. Escalerilla de la Magdalena, 3. Telf. 21 21 05, 21 21 81-80.
HOTEL MONTERREY. Carretera de Piedrabuena, 42 (a dos kilómetros de la población). Maravillosas vistas panorámicas. Telf. 22 09 50.

Categoría 2.ª

HOTEL SUIZO. Plaza de Zocodover (centro de la ciudad). Telf. 21 24 95.
HOTEL DEL LINO. Calle de Santa Justa, 9. Telf. 21 24 09.
HOTEL MARAVILLAS. Calle de Barrio Rey, 7. Telf. 21 33 36.

RESIDENCIAS—RESIDENCES RESIDENCES—WOHNHEIME

Categoría 1.ª A

LA ALMAZARA. Sólo habitaciones. Carretera de Piedrabuena. A tres kilómetros de la población. Telf. 22 04 43.

Categoría 2.ª

TRES CARABELAS. Sólo habitaciones. Plaza de San Nicolás, 2. Telf. 22 16 00.

Categoría 3.ª

IMPERIO. Sólo habitaciones. Calle de las Cadenas. Telf. 22 16 50.
TOLEDO. Sólo habitaciones. Horno de los Bizcochos, 4. Telf. 21 29 99.

PENSIONES—PENSIONS BOARDING HOUSES PENSIONEN

Categoría 2.ª

CASA DEL MAESTRO. Cuesta de Santa Leocadia, 8. Telf. 21 39 95.
FONDA NUEVA. Calle de las Armas, 9. Telf. 22 16 68.
RUINAS DEL ALCAZAR. Horno de los Bizcochos, 6. Telf. 21 24 22.

Categoría 3.ª

ARROYO. Calle Nueva, 9. Telf. 22 19 64.
BARRIOS. Calle del Locum, 4. Telf. 21 31 24.
CASA RAMON. Calle Nueva, 4. Telfs. 21 30 33 y 22 10 74.
LA BELVISEÑA. Cuesta del Can, 7. Telf. 21 30 67.
LA CUBANA. Paseo de la Rosa, 2. Telf. 22 00 88.
EL TROPEZON. Travesía de Santa Isabel, 2. Telf. 21 29 36.

CASAS DE HUESPEDES MAISONS D'HÔTES GUEST HOUSES FAMILIENPENSIONEN

SEGOVIA. Cuesta del Aguila (a 100 metros de la Plaza de Zocodover).
LA IDEAL. Callejón de la Sillería (a 50 metros de la Plaza de Zocodover).
LA JARA. Martín Gamero, 15. Comidas. Café. Bar. Telf. 21 30 28.
SAN MIGUEL. Cobertizo de San Miguel (junto al Alcázar).
SAN JUAN. Cardenal Tavera, 6 y 8 (a 50 metros. Plaza de Toros).
SANTO TOME. Plaza de San Antonio, 5. Sólo habitaciones.

ACAMPAMENTOS TURISTICOS CAMPINGS

Categoría 1.ª

CAMPING «EL GRECO» (Cigarral «El Angel»). Situado en las márgenes del río Tajo, a dos kilómetros del Puente de San Martín, en la carretera de San Bernardo. Amplia zona de acampamento. Piscina olímpica. Bar. Restaurante. Parque y piscina infantil. Temporada del 15 de abril al 31 de octubre. Telf. 22 00 90.
CAMPING SALUS. Situado a nueve kilómetros de Toledo. Carretera de Toledo a Ciudad Real, a la salida del pueblo de Burguillos. Amplia zona verde. Piscina. Restaurante. Telf. 3 de Burguillos.

CAMPING TOLEDO. En la carretera de Madrid a Toledo, Km. 65. A 4 Km. de Toledo y 3 de Olias del Rey. Piscina. Bar. Apartamentos. Amplia zona de acampamento. Extensos pinares en todas sus proximidades.

CAMPING

1. Classe

CAMPING «EL GRECO». (Cigarral «El Angel»). Situé au bord du Tage, à deux kilomètres du Pont de San Martín, sur la route de San Bernardo. Ample zone de campement. Piscine olympique. Bar. Restaurant. Parc et piscine pour enfants. Epoque du 15 avril au 31 octobre. Tel. 22 00 90.

CAMPING SALUS. Situé à neuf kilomètres de Tolède. Route de Tolède à Ciudad Real, à la sortie du village de Burguillos. Ample zone verde. Piscine. Restaurant. Tél. n. 3 à Burguillos.

CAMPING TOLEDO. Sur la route de Madrid à Tolède, à 65 km. de Tolède et 3 de Olias del Rey. Piscine. Bar. Appartements. Zone de Camping. Grands bois de pin dans tous alentours.

TOURIST CAMPING SITES

1. Class

«EL GRECO» Camping site. (Cigarral «El Angel»).
Situated on the banks of the river Tagus, two kilometers from the San Martin Bridge, on the road to San Bernardo. Extensive site. Olympic swimming pool. Bar. Restaurant. Season from 15th April to 31st October. Tel. 22 00 90.

CAMPING SALUS. Situated 9 kilometers from Toledo. Road from Toledo to Ciudad Real, outside the village called Burguillos. Extensive green zone. Swimming pool. Restaurant. Tel. 3-Burguillos.

CAMPING TOLEDO. On the road from Madrid to Toledo, at km. 65. 4 km. from Toledo and 3 from Olias del Rey. Swimming pool. Bar. Apartments. Extensive camping site. Pinetrees nearby.

CAMPINGPLÄTZE

1. Kategorie

CAMPINGPLATZ «EL GRECO» (Im Cigarral —Landgut— «El Angel»). Liegt am Ufer des Tajos, 2 km von der San Martín - Brücke entfernt auf der Landstrasse von San Bernardo. Augedehntes Campinggelände Olympisches Schwimmbad. Bar. Restaurant. Kinderspielplatz und Kinderschwimmbecken. Saison: 15. April - 31. Oktober. Tel. 22 00 90.

CAMPING SALUS. Liegt 9 km von Toledo entfernt auf der Landstrasse von Toledo nach Ciudad Real, an der Ausfahrt des Dorfes Burguillos. Weites, grünes Gelände. Schwimmbad. Restaurant. Tel. 3 von Burguillos aus.

CAMPINGPLATZ TOLEDO. Auf der Landstrasse Madrid nach Toledo, Kilometerstein 65. 4 km von Toledo und 3 km von Olias del Rey entfernt. Schwimmbad. Bar. Apartments. Weites Campinggebiet. Ausgedehnte Kiefenwälder in der Umgebung.

RESTAURANTES—RESTAURANTS
RESTAURANTS—RESTAURANTS

Categoría 1.ª A

PARRILA DEL MESON. Plaza Zocodover (centro ciudad). Telf. 21 30 39.

Categoría 1.ª B

HOTEL CARLOS V. Escalerilla Magdalena, 3. Telfs. 21 21 05 y 21 21 81.

HOTEL MONTERREY. Carretera de Piedrabuena, 42 (vistas panorámicas). Telf. 22 09 50.

MESON DEL TOLEDANO. Plaza de Zocodover (centro ciudad). Telf. 21 30 39.

Categoría 1.ª

HOSTAL DEL CARDENAL. Paseo de Recaredo, 24 (junto Puerta de Bisagra). Telf. 22 08 62.

HOSTAL DE CASTILLA. Mendigorria, 4 (frente Plaza de Toros). Telf. 22 08 42.

Categoría 2.ª

HOTEL SUIZO. Plaza de Zocodover (centro ciudad). Telf. 21 30 04.

MESON DEL CAZADOR. Circo Romano, 25 (Jardín). Telf. 22 06 07.

VENTA DE AIRES. Circo Romano, 19. Telf. 22 05 45.

CHIRON. Paseo Recaredo, 1. (vistas sobre el río Tajo). Frente a la Puerta del Cambrón. Telf. 22 01 50.

HOTEL DEL LINO. Calle Santa Justa, 9. Telf. 21 33 39.

Categoría 3.ª

EL ESPAÑOL. Plaza de Zocodover (centro ciudad). Telf. 21 30 03.

MERENDON. Avda. Barber, 5 (Carretera de Avila). Telf. 22 01 97.

CASA AURELIO. Calle de la Sinagoga, 6 (típico). Telf. 21 22 55.

LA CUBANA. Paseo de la Rosa (frente al Puente de Alcántara). Telfs. 22 00 88 y 22 06 46.
JARDIN MARAVILLA. Avda. Barber, 10 (Carretera de Avila). Telf. 22 01 41.
HOGAR DEL PRODUCTOR. Calle Carlos V (frente al Alcázar). Telf. 21 30 37.
LA ESPERANZA. Carretera de Madrid (a 100 metros Plaza de Toros) Km. 68-N-401. Telf. 22 03 91.
CASINO. Plaza Magdalena, 6. Telf. 21 34 66.
CASA JUANITO. Barrio Rey, 4. Telf. 21 30 30.
TORRIJOS. Barrio Rey. Telf. 21 29 46.
EL ZOCO. Barrio Rey, 9. Telf. 21 30 51.
EL TROCADERO. Avda. Reconquista (Vega Baja). Telf. 22 00 02.
CASA RAMON. Calle Nueva, 6.Telfs. 21 30 33 y 21 39 00.
CASA LUDEÑA. Plaza Magdalena, 10. Telfs. 21 30 23 y 21 33 84.
SANTO TOME. Calle Santo Tomé, 4. Telf. 21 26 03.

Categoría 4.ª

LA JARA. Martín Gamero, 15. Telf. 21 30 28.
LA TASCA. Calle de la Sillería, 16. Telf. 21 30 36.
EL NIDO. Plaza de la Magdalena. Telf. 21 23 16.
MODERNO. Calle del Hombre de Palo, 13. Telf. 21 30 73.
LA PERLA IMPERIAL. Paseo de la Rosa (frente Estación F. C.).
FONDA ESTACION. En la misma Estación de F. C.
CASA TRIVIÑO. Calle Carreteros, 1. Telf. 22 03 32.

VENTAS TIPICAS
AUBERCES TYPIQUES
TYPICAL INNS
TYPISCHE WIRTSHÄUSER

VENTA CARRANZA. Carretera Piedrabuena, 39. Telf. 22 03 29.
VENTA LA ESQUINA. Avda. Barber, 1 (Carretera Avila). Telf. 22 01 49.
VENTA SAN MARTIN (Frente Puente San Martín). Telf. 22 03 26.
VENTA PINEDO. Carretera de Madrid, 7 (junto Plaza de Toros). Telf. 22 05 31.
VENTA EL QUIJOTE. Avda. Barber, 1. (Vega Baja). Telf. 22 00 62.

CAFETERIAS Y CAFES BARES
CAFETERIAS ET CAFES BARS
CAFETERIAS AND CAFE BARS
CAFES UND SNACK-BARS

CAFE-BAR HOSTAL DEL CARDENAL. Paseo de Recaredo, 1. Telf. 22 08 62.
CAFE-BAR MESON DEL TOLEDANO. Calle de Carlos V, 1. Telf. 21 30 39.
CAFE-BAR SUIZO. Plaza de Zocodover, 41. Telf. 21 24 95.
CAFE-BAR LA SUIZA. Calle de las Armas, 3 y 5. Telf. 21 30 11.
CAFE-BAR SAN ANTONIO. Calle de La Sillería, 18. Telf. 21 30 40.
CAFE-BAR EL ESPAÑOL. Plaza de Zocodover. Telf. 21 30 03.
CAFE-BAR TOLEDO. Plaza de Zocodover, 45. Telf. 21 30 00.
CAFE-BAR HOGAR DEL PRODUCTOR. Calle de Carlos V, 20. Telf. 21 30 37.
CAFE-BAR MODERNO. Calle del Hombre de Palo, 13. Telf. 21 30 73.
BAR CASA RAMON. Calle Nueva, 6. Telf. 21 30 33.
BAR AVENIDA. Avda. de la Reconquista, 10. Telf. 22 00 50.
BAR CEPEDA. Avda. de la Reconquista, 8. Telf. 22 00 80.
BAR BISAGRA. Calle Real de Arrabal, 20. Telf. 22 06 93.
BAR SOLERA. Calle de Venancio González, 15. Telf. 21 31 84.
BAR TORRIJOS. Calle de Barrio Rey, 4. Telf. 21 30 26.
BAR «EL NIDO». Plaza de la Magdalena, 7. Telf. 21 23 16.
BAR «CASINO». Plaza de la Magdalena, 6. Telf. 21 34 66.
BAR LUDEÑA. Bajada Corral de Don Diego, 10. Telf. 21 30 23.
BAR «LA BOVEDA». Cuesta de Portugueses.
BAR CLUB. Calle de la Plata, 7. Telf. 21 30 14.
BAR AURELIO. Calle de la Sinagoga, 6. Telf. 21 22 55.
BAR «LA JARA». Calle de Martín Gamero, 15. Telf. 21 30 28.
BAR SEVILLANO. Plaza de la Merced, 2. Telf. 21 30 08.
BAR «LA CAVA». Carretera Navalpino, 1. Telf. 22 07 98.
BAR GALICIA. Avda. Santa Bárbara, 18. Telf. 22 00 01.
BAR KIOSKO DE LA VEGA. Paseo de Merchán (Vega). Telf. 22 00 44.
BAR MARIANO. Vega Alta. Telf. 22 00 99.
BAR EL RICONCITO. Calle de Santo Tomé, 34. Telf. 21 30 54.
BAR CAPRI. Bajada Corral de Don Diego. Telf. 21 30 69.
BAR CASA JUAN. Paseo de la Rosa, 28. Telf. 22 00 56.
BAR «LA BELLOTA». Plaza del Colegio de Infantes, 7. Telf. 21 30 82.
MESON DEL ARRIERO. Callejón de la Sillería, 1. Telf. 21 30 45.

ESPECIALIDADES GASTRONOMICAS

Perdiz estofada a la toledana.
Asados de cordero y «cochinillo».
Tortilla magra a caballo.

Menestra de cordero y legumbres.
Tortilla de «criadillas» de tierra.
Gazpacho castellano.
Gachas manchegas.
Migas de pastor.
Peces y pescados en escabeche.
Queso manchego en aceite.
Mazapán de Toledo.
Melindres de Yepes.
Marquesitas de Bargas y Sonseca.
Albaricoques en dulce.

VINOS

De Yepes, Huerta, Villacañas, Méntrida, Fuensalida y Montearagón.
Los de la zona de Yepes son vinos secos, espesos, con predominio del tinto y una graduación que llega a los 16 grados, muy semejantes a los de Valdepeñas. La zona de Méntrida, vinos de la Mancha, proporciona con preferencia vinos blancos y de menor graduación.

SPECIALITES GASTRONOMIQUES

Perdrix à l'ètuvèe à la mode de Tolède.
Rôti de mouton et «cochinillo».
Omelette «magra a caballo».
Potée de mouton et légumes.
Omelette de «criadillas de tierra».
Gazpacho de Castille.
Gachas (sorte de bouillie) de la Manche.
Migas de pastor.
Poissons à la marinière.
Promage de la Manche à l'huile.
Mazapán (pâte d'amande) de Tolède.
Melindres (sorte de pâtisserie) de Yepes.
Marquesitas de Bargas et Sonseca.
Abricots sucrés.

V I N S

De Yepes, Huerta, Villacañas, Méntrida, Fuensalida et Montearagón.
Ceux de la zone de Yepes sont des vins secs épais, avec une prédominance du rouge et il arrive aux 16 degrés, très semblables à ceux de Valdepeñas.
La zone de Méntrida, vins de la Mancha, fournit de préférence des vins blancs et graduation moins élevée.

GASTRONOMIC SPECIALITIES

Stuffed partridge. Toledo style.
Roast lamb and «suckling pig».
Ham omelette on horseback.
Lamb stew with vegetables.
Truffle omelette.
Castilian «Gazpacho» (Cold tomato soup).
Manchegan hog.
«Shepherd's crumb».
Fish in pickled sauce.
Manchego cheese in olive oil.
Toledo marzipan.
Honey fritters from Yepes.
Marcasites from Bargas and Sonseca.
Apricots in syrup.

W I N E S

From Yepes, Huerta, Villacañas, Méntrida, Fuensalida and Montearagón. Those from the Yepes area are dry, thick wines, mostly red, with an alcohol percentage reaching 16º, very similar to the wines of Valdepeñas. The Méntrida area, Mancha• wines, provide preferably white wines, with less strength.

GASTRONOMISCHE SPEZIALITÄTEN

Perdiz estofada a la toledana (geschmortes Rebhuhn auf toledanische Art).
Asados de cordero y «cochinillo» (gebratene Lämmer und Spanferkel).
Tortilla magra a caballo (Omelett mit Schinken).
Menestra de cordero y legumbres (Minestra mit Lammfleisch und Gemüse).
Tortilla de «criadillas» de tierra (getrüffeltes Omelett).
Gazpacho castellano (kalte Suppe mit Ol, Essig, Knoblauch, Zwiebeln und Gurkenscheiben).
Gachas manchegas (eine Art Mehlbrei aus der Mancha).
Migas de pastor (Schäfer-Brotgrieben).
Peces y pescados en escabeche (marinierte Fische).
Queso manchego en aceite (Käse aus der Mancha in Ol eingelegt).
Mazipan aus Toledo,
Melindres de Yepes (Honigpfannkuchen aus Yepes).
Marquesitas de Bargas y Sonseca (Spezialgebäck aus Bargas und Sonseca).
Albaricoques en dulce (eingemachte Aprikosen).

WEINE

Aus Yepes, Huerta, Villacañas, Méntrida, Fuensalida und Montearagón. Die Weine aus dem Gebiet von Yepes sind herb und dickflüssig; fast nur Rotweine, von denen einige bis zu 16 % Alkoholgehalt erreichen; sie ähneln den Weinen von Valdepeñas. Das Gebiet von Méntrida bringt Weine aus der Mancha, zum grössten Teil Weissweine mit weniger Alkoholgehalt hervor.

BANCOS—BANQUES
BANKS—BANKEN

BANCO DE ESPAÑA. C. Nueva, 16. Telfs. 22 14 74 y 22 13 50.
BANCO DE BILBAO. C. Nueva, 5. Telfs. 22 19 23 y 22 19 24.
BANCO CENTRAL. C. Nueva, 2. Telfs. 22 13 70 y 22 11 00.
BANCO ESPAÑOL DE CREDITO. Plaza de Zocodover, 9. Telf. 22 12 00-10.
BANCO HISPANO AMERICANO. Calle Nueva, 8. Telfs. 22 13 67-68 y 22 14 73.
BANCO DE SANTANDER. Plaza de San Agustín, 1. Telfs. 22 12 50 y 22 16 47.
CAJA DE AHORRO PROVINCIAL. Calle Nueva, 7. Telf. 22 15 50.
CAJA RURAL PROVINCIAL. Calle Carlos V, s/n. Telf. 21 20 83.
CAJA DE AHORROS Y MONTE DE PIEDAD. Calle de Toledo Ohio. Telf. 22 14 70.
FIDECAYA. Calle de la Sillería, 8. Telf. 22 17 17.
BANCO VITALICIO DE ESPAÑA. Calle del Comercio, 41. Telf. 22 11 58.

TEATROS Y CINES
THEATRES ET CINEMAS
THEATRES AND CINEMAS
THEATER UND KINOS

TEATRO-CINE ALCÀZAR. Calle de Carlos V, 10 (Frente al Alcázar). Telf. 21 27 28.
TEATRO-CINE ROJAS. Plaza Mayor. Telf. 21 39 70.
CINE IMPERIO. Cuesta del Aguila, 9. Telf. 22 16 23.
CINE MODERNO. Calle de la Sinagoga, 1. Telf. 21 38 26.
CINE ALCANTARA. Cabrahigos (junto estación F. C.). Telf. 22 08 17.
CINE AVENIDA (Verano). Avda de Barber (junto al Campo de Deportes). «Los Palomarejos.
CENTRO DE ARTISTAS E INDUSTRIALES (Casino). Plaza de la Magdalena, 1. Telf. 21 34 66.

ARCHIVOS Y BIBLIOTECAS
ARCHIVES ET BIBLIOTHEQUES
ARCHIVES AND LIBRARIES
ARCHIVE UND BIBLIOTHEKEN

BIBLIOTECA PROVINCIAL. Situada en el Museo de Santa Cruz.
ARCHIVO DE LA CATEDRAL. Catedral Primada. Para investigadores.
ARCHIVO MUNICIPAL. Casas Consistoriales Plaza del Generalísimo.
ARCHIVO DIPUTACION PROVINCIAL. Palacio de la Diputación. Plaza de la Merced, 4.

AGENCIAS DE VIAJES
AGENCES DE VOYAGES
TRAVEL AGENCIES
REISEBÜROS

SUB-AGENCIA DE WAGONS-LITS COOK. Plaza de la Magdalena, 4, pral. Junto al Corral de Don Diego. Telf. 21 25 31.
VIAJES ALHAMBRA. Calle de Alfileritos, 26. Telf. 21 30 72.
AGENCIA INMOBILIARIA MARCOS CARRASCO. Calle de la Plata, 10, bajo y Tránsito, 6. Telf. 21 22 69.

CORREOS, TELEGRAFOS Y TELEFONOS
POSTE, TELEGRAPHES ET TELEPHONE
POST OFFICE, TELEGRAMMES AND TELEPHONE
POST—, TELEGRAPHEN UND TELEPHONAMT

CORREOS. Calle de la Plata, 1. Telf. 21 36 11.
TELEGRAFOS. Calle de la Plata, 1. Telf. 21 36 11.
TELEFONOS. Calle de la Plata, 18. Telf. 004.

ANTICUARIOS—ANTIQUAIRES
ANTIQUARIES—ANTIQUITÄTEN

COMPRA-VENTA LIBROS BALAGUER. Calle Cardenal Cisneros, 12. Telf. 21 25 21.
ANTICUARIO BALAGUER. Pasadizo del Ayuntamiento, 12. Telf. 21 27 17.
ANTICUARIO LINARES. Calle Reyes Católicos, 6. Telf. 22 02 22.

ARTESANIA—ARTISANAT
HANDICRAFTS—KUNSTGEWERBE

MERCADO OFICIAL. Calle Samuel Leví, 4. Telf. 21 20 89.
FABRICA EXPOSICION AGUADO (Cerámica). C. San Juan de los Reyes, 2.
FABRICA EXPOSICION SANGUINO (Cerámica). Carretera del Valle, 1.
FABRICA DE ARMAS DE TOLEDO. Exposición y venta. Vega Baja. Telf. 22 05 00. *Horas de visita:* De 8 a 15.

FABRICAS DE DAMASQUINADOS
FABRIQUES DE «DAMASQUINADOS»
DAMASCENE FACTORIES
FABRIKEN MIT HERSTELLUNG VON DAMASZIERTEN ARTIKELN

LUIS GARCIA GARRIDO. Marqués de Mendigorría.
FELIPE SUAREZ GARCIA. Circo Romano. Paseo Canónigos, 1.

ARTES TOLEDANAS. Cristo de la Vega.
JULIAN MONTERO LOPEZ. Circo Romano.
MARIA PAZ MARTIN DE LA PUENTE. Circo Romano.
FABRICA SERRANO. Calle Reyes Católicos, 24.
VICENTE MARTIN BERMEJO. Calle Airosas, 5.
FABRICA DE ARMAS Y JOYAS DE TOLEDO. Bajada Puente de San Martín, 2.

LIBRERIAS—LIBRAIRIES BOOKSHOPS—BUCHHANDLUNGEN

GARIJO. Comercio, 43.
GOMEZ-MENOR. Comercio, 44.
GUZMAN SALVADOR. Santo Tomé, 19.
JULIAN PAREJA. Comercio, 19.
SERRANO. Cuatro Calles, 2.
LIBRERIA DE LOS FERROCARRILES ESPAÑOLES. Estación.
SANTO TOME. Pórtico de la Iglesia parroquial.
CATEDRAL. Claustro.

HORARIO DEL COMERCIO

INVIERNO:
Mañana: de 9 a 2.
Tarde: de 4 a 7.
VERANO:
Mañana: de 9 a 2.
Tarde: de 5 a 8.

Alimentación

INVIERNO:
Mañana: de 9 a 1.
Tarde: de 4,30 a 7,30.
VERANO:
Mañana: de 9 a 1.
Tarde: de 4,30 a 8,30.

HORAIRE DU COMMERCE

HIVER:
Matin: de 9 h. à 2 h.
Après-midi: de 4 h. à 7 h.
ETE:
Matin: de 9 h. à 2 h.
Après-midi: de 5 h. à 8 h.

Alimentation

HIVER:
Matin: de 9 h. à 1 h.
Après-midi: de 4,30 h. à 7,30 h.
ETE:
Matin: de 9 h. à 1 h.
Après-midi: de 4,30 h. à 8,30 h.

SHOP OPENING TIMES

WINTER:
Morning: 9 to 2 p. m.
Afternoon: 4 to 7 p. m.
SUMMER:
Morning: 9 to 2 p. m.
Afternoon: 5 to 8 p. m.

Food shops

WINTER:
Morning from 9 to 1 p. m.
Afternoon from 4.30 to 7.30 p. m.
SUMMER:
Morning from 9 to 1 p. m.
Afternoon from 4.30 to 8.30 p. m.

LADENÖFFNUNGSZEITEN (im allgemeinen)

WINTER:
Morgens: 9,00 - 14,00 Uhr.
Nachmittags: 16,00 - 19,00 Uhr.
SOMMER:
Morgens: 9,00 - 14,00 Uhr.
Nachmittags: 17,00 - 20,00 Uhr.

der Lebensmittelbrache

WINTER:
Morgens: 9,00 - 13,00 Uhr.
Nachmittags: 16,30 - 19,30 Uhr.
SOMMER:
Morgens: 9,30 - 13,00 Uhr.
Nachmittags: 16,30 - 20,30 Uhr

PISCINAS Y CAMPOS DE DEPORTES PISCINES ET TERRAINS DE SPORTS SWIMMING POOLS AND SPORTS GROUNDS SCHWMMBÄDER UND SPORTPLÄTZE

PISCINA MUNICIPAL. En el Jardín Escolar.
PISCINA CIGARRAL MONTE-REY. Carretera de Navalpino, 42.
PISCINA CAMPING «EL ANGEL». Carretera Piedrabuena (desviación a San Bernardo).
PISCINA CAMPING TOLEDO. Carretera de Madrid
CAMPO DE DEPORTES «LOS PALOMAREJOS». Avenida de Barber (Carretera de Avila).
CAMPO DE FUTBOL «CARLOS III». Terrenos Empresa Nacional Santa Bárbara.
CAMPO DE DEPORTES «OBISPO MIRANDA». Avenida General Villalba.
PISCINA Y CAFETERIA «LAS NIEVES». Carretera de Nambroca.

CLUBS Y SOCIEDADES DEPORTIVAS
CLUBS ET SOCIETES SPORTIVES
CLUBS AND SPORTS ASSOCIATIONS
KLUBS UND SPORTVEREINE

CLUB DEPORTIVO TOLEDO. III División Nacional
ASOCIACION DEPORTIVA SANTA BARBARA. III División Nacional.
CLUB DEPORTIVO SANTA BARBARA. Categoría Juvenil.
IMPERIAL ALCAZAR. Categoría Juvenil.
PEÑA CICLISTA «EL TAJO».
PEÑA CICLISTA BAHAMONTES.
SOCIEDAD DE PESCADORES «NUESTRA SEÑORA DEL VALLE». Obra Sindical «Educación y Descanso». Calle de Carlos V.
SOCIEDAD DE CAZA Y PESCA. Calle Sillería, 10.
PEÑA ATLETICA TOLEDANA.
CACERIAS MEDINA. Telf. 21 33 39.

SOCIEDADES CULTURALES Y RECREATIVAS
SOCIETES CULTURELLES ET RECREATIVES
CULTURAL AND RECREATION CLUBS
KULTUR— UND VERGNÜGUNGSVEREINE

CENTRO DE ARTISTAS E INDUSTRIALES (C. A. I.). Plaza de la Magdalena, 6.
SOCIEDAD «ARTE».
CENTRO RECREATIVO DE LA ORGANIZACION JUVENIL. Calle de la Trinidad, 10.

GARAJES Y TALLERES DE REPARACIONES
GARAGES ET TALIERS DE REPARATIONS
GARAGES AND REPAIRS
GARAGEN UND REPARATURWERKSTÄTTEN

GARAJE ALCAZAR. Calle del General Moscardó, 8. Telf. 21 30 40.
GARAJE CERVANTES. Calle de Cervantes, 5 (a 25 metros Museo Santa Cruz). Telf. 21 25 08.
GARAJE TOLEDO. Calle del Instituto, 7. Telf. 21 30 66.
GARAJE CENTRO. Cuesta del Aguila, 9. Telf. 21 34 25.
TALLERES AUTOMOCION TOLEDO. Plaza de Santiago de los Caballeros, 2. Telfs. 21 30 78 y 21 38 38.
TALLERES SANCHEZ. C. Carreras (frente al Hospital de Tavera). Telf. 22 08 46.
TALLERES MARCELINO RODRIGUEZ. Carretera a Madrid, km. 5. Telfs. 22 05 82 y 22 06 95.
TALLERES BARRIOS. Carretera de Mocejón, 5. Telf. 22 08 91.
TALLERES ALONSO. Paseo del Tránsito (junto a la Casa de El Greco). Telf. 21 37 66.
TALLERES J. DIAZ. C. de Trinitarios, 6. Telf. 22 07 89.
TALLERES ESTEVEZ. C. de Azacanes, 15. Telf. 22 02 73.
TALLERES LA IMPERIAL. Avda. Plaza de Toros (junto a la misma). Telf. 22 06 15.
TALLERES ORGOMA. Alamillos del Tránsito, 9. Telf. 21 33 49.
TALLERES CIMASA. Avda. General Villalba Riquelme. Telf. 22 04 00.
TALLERES MARIN. Carretera de Madrid, 25. Telf. 22 06 32.
TALLERES J. C. CALVO. Carretera de Madrid. Telf. 22 07 00.
TALLERES HERNANDEZ. Cardenal Tavera, 20. Telf.· 21 21 87.

ESTACIONES DE SERVICIO
STATIONS SERVICE
PETROL STATIONS
TANKSTELLEN

ESTACION DE SERVICIO. Carretera a Madrid, 25. Telf. 22 01 78.
ESTACION DE SERVICIO. Paseo de la Rosa (Carretera a Ciudad Real). Telf. 22 00 43.
GASOLINERA. Paseo de la Rosa (junto Estación F. C.).
GASOLINERA. Paseo de la Vega Alta (a 50 metros de la Puerta de Bisagra).

PARADA DE TAXIS—ARRET DE TAXIS
TAXI RANK
TAXIHALTEPLÄTZE

Calle de Carlos V. Telf. 21 23 96.

AUTOBUSES URBANOS
AUTOBUS URBAINS
TOWN BUS SERVICE
STÄDTISCHE AUTOBUSSE

Lineas:
Zocodover-Santa Bárbara. Con parada en las inmediaciones de la estación de ferrocarril.
Zocodover-Palomarejos.
Zocodover-Avda. de la Reconquista.
Zocodover-San Martín. Por carretera de circunvalación a Cobisa, y por Solanilla al Camping «El Greco».

HORARIO DE TRENES
HORAIRE DES TRAINS
TRAIN TIMETABLE
ABFAHRTEN DER ZÜGE

Línea de ferrocarril Madrid-Toledo-Madrid. RENFE. Oficina en Toledo: Sillería, 7. Telf. 21 33 11.

Línea electrificada

Salidas de Madrid:

7,10 Estación Delicias.
9,00 Estación Atocha. Vía Aranjuez.
14,00 Estación Atocha. Vía Aranjuez.
14,00 Estación Delicias. Domingos y festivos.
20,05 Estación Delicias. Días laborables.
21,40 Estación Delicias. Domingos y festivos.

Salidas de Toledo:

7,10 A estación Delicias.
8,20 A estación Atocha. Vía Aranjuez.
12,55 A estación Delicias.
18,50 A estación Atocha. Vía Aranjuez.
21,00 A estación Delicias. Domingos y festivos.

ESTACION DE FERROCARRIL DE TOLEDO: Paseo de la Rosa. Telf. 22 05 99.

NOTA.—Existe un servicio de autobuses que hacen el trayecto Zocodover-Estación F. C. y que parte 20 minutos antes de la salida de cada tren. Estos autobuses tienen la salida de las inmediaciones del Arco de la Sangre, parte posterior. Por otra parte los Autobuses Urbanos cubren este trayecto cada media hora.

HORARIO DE COCHES DE LINEA
HORAIRE D'AUTOBUS INTER-URBAIN
COACH LINE TIMETABLE
FAHRPLAN DER AUTOBUSLINIEN

TOLEDO-ALMOROX:
Salida de Toledo: a las 13,15 y 17,45 de la tarde.
Salida de Almorox: a las 7,15 de la mañana (estos servicios sólo días laborables).
TOLEDO-MENTRIDA-SANTA CRUZ DEL RETAMAR:
Salidas de Toledo: 13,30 y 18,00 de la tarde.
Salidas de Santa Cruz Retamar: 7,30 de la mañana (estos servicios sólo días laborables).
TOLEDO-VILLASECA DE LA SAGRA (Estación de F. C.).
Salida de Toledo: 14,00 de la tarde (diario). Sábados 14,00 y 18,00 de la tarde.
TOLEDO-MADRIDEJOS-YEBENES:
Salida de Toledo: 17,30 de la tarde.
Salida de Yébenes: 7,00 de la mañana (estos servicios incluso domingos y festivos).
TOLEDO-SAN PABLO DE LOS MONTES-MENASALBAS:
Salida de Toledo: 17,45 de la tarde.
Salida de Menasalbas: 7,00 de la mañana (estos servicios incluso domingos y festivos).
TOLEDO-LA PUEBLA DE MONTALBAN:
Salidas de Toledo: 13,15 y 18,00 de la tarde.
TOLEDO-MORA:
Salidas de Toledo: 14,00 y 19,00 de la tarde.
TOLEDO-BARGAS y Estación F. C. de Bargas:
Salidas de Toledo: 9,15, 13,00, 17,45 y 19,45 horas. Incluso domingos y festivos.
TOLEDO-VALMOJADO:
Salida de Toledo: Lunes, miércoles, jueves y viernes: 17,30 horas de la tarde.
Salida de Toledo: Martes y sábados: 14 horas de la tarde (estos servicios solamente días laborables).
TOLEDO-OCAÑA-VILLARRUBIA DE SANTIAGO:
Salida de Toledo: 16,45 horas de la tarde.
Salida de Villarrubia de Santiago: 8,30 horas de la mañana.
TOLEDO-SONSECA:
Salidas de Toledo: 14,00 y 18,30 de la tarde.
Salida de Sonseca: 7,30 horas de la mañana.
TOLEDO-GALVEZ-MENASALBAS:
Salidas de Toledo: 14,00 y 18,30 horas de la tarde.
Salidas de Menasalbas: 8,00 de la mañana y 15,30 de la tarde.
TOLEDO-SAN MARTIN-TOTANES:
Salida de Toledo: 18,30 de la tarde.
Salida de Totanes: 7,30 de la mañana.
TOLEDO-TALAVERA DE LA REINA: Salidas de Toledo: 7,30 de la mañana (por Maqueda), 14,00 horas (por Alcabón), 15,00 horas (por Maqueda) y 16,30 horas (por Carpio de Tajo).
Salidas de Talavera: 7,00 de la mañana (por Carpio de Tajo), 8,00 de la mañana (por Maqueda), 9,45 de la mañana (por Alcabón) y 16,30 horas (por Maqueda).
TOLEDO-CIUDAD REAL:
Salida de Toledo: 16,30 de la tarde (diario) excepto domingos.
TOLEDO-MADRID-TOLEDO. Carretera Nacional 401. 70 kilómetros.
Salidas de MADRID:
Continental Auto. Calle de Méndez Alvaro, 6. Telf. 233 04 00.
9,00 Directo.
9,00 Con paradas.
15,00
Autobuses Galiano. Calle de Drumen, 6 (proximidades de la estación de Atocha). Telf. 227 62 17.
10,30 Domingos y festivos.
12,00 Diario.
18,00 Diario.

19,00 Diario.
20,00 Días laborables, directo.
21,00 Diario.
23,00 Domingos y festivos.

Salidas de TOLEDO.

Continental Auto. Estación de autobuses, explanada de San Miguel. Telf. 21 39 15.

11,30 Diario.
17,30 Diario.
18,00 Diario, directo.

Autobuses Galiano. Despacho de billetes, calle de las Armas (próxima a la plaza de Zocodover). Telf. 21 36 41. Salidas: de la estación de autobuses, explanada de San Miguel (junto al Alcázar).

7,00 Diario, por Bargas.
8,00 Diario.
9,00 Diario, directo.
13,30 Diario.
14,30 Diario.
20,00 Domingos y festivos, directo.

NOTAS: La mayoría de las líneas tienen su partida y despacho de billetes en la estación de autobuses (provisional) situada en la explanada de San Miguel.
Otras líneas utilizan los servicios y garajes situados en la calle de Cervantes, 21.

CENTROS OFICIALES
CENTRES OFFICIELS
OFFICIAL CENTRES
AMTLICHE STELLEN

PALACIO ARZOBISPAL. Calle del Arco de Palacio, 1. Telf. 21 37 35.

GOBIERNO CIVIL. Plaza de Zocodover. Telfs. 22 11 01 y 22 12 03.

GOBIERNO MILITAR. Calle de Santiago de los Caballeros. Telf. 22 16 52.

AYUNTAMIENTO. Plaza del Generalísimo, 1. Telf. *21 28 95.

DIPUTACION PROVINCIAL. Plaza de la Merced, 1. Telf. *21 22 95.

DELEGACION DE HACIENDA. Alfonso X el Sabio, 1. Telf. 21 33 18.

OFICINA DE INFORMACION DE LA SUBSECRETARIA DE TURISMO. Plaza de Zocodover, 28. Telf. 22 14 00.

ACADEMIA DE INFANTERIA. San Servando. Telf. *22 03 50.

JEFATURA PROVINCIAL DEL MOVIMIENTO. Calle de la Plata, 25. Telf. 21 21 04.

OFICINA MUNICIPAL DE TURISMO. Plaza de Zocodover. Telf. 22 12 02.

GUIAS INTERPRETES (Oficina Municipal de Turismo).

DELEGACION PROVINCIAL DE SINDICATOS Calle de Carlos V, s/n. Telf. 21 31 94.

TELEFONOS DE URGENCIA
TELEPHONES D'URGENCE
EMERGENCY TELEPHONES
DRINGENDE FERNSPRECHNUMMERN

PARQUE DE BOMBEROS. Telf. 21 39 99.
GUARDIA CIVIL. Telf. 22 19 00.
COMISARIA DE POLICIA. Telf. 22 14 01.
POLICIA ARMADA. Telf. 21 39 91.
POLICIA MUNICIPAL. Telf. 21 34 07.
CASA DE SOCORRO. Telf. 21 28 37.
TAXIS (parada). Telf. 21 23 96.
SERVICIO DE AMBULANCIAS (Permanente y particular). Telf. 22 15 22.
RESIDENCIA SEGURO DE ENFERMEDAD. Telf. 22 05 50.
CRUZ ROJA. Telf. 21 28 37.

CLINICAS Y SANATORIOS
CLINIQUES ET HOPITAUX
CLINICS AND HOSPITALS
KLINIKEN UND SANATORIEN

RESIDENCIA NUESTRA SEÑORA DE LA SALUD (S. O. E.). Avenida de Barber, s/n. Telfs. 22 05 50 y 22 06 00.

HOSPITAL PROVINCIAL. San Servando, s/n. Telfs. 22 04 94 y 22 05 68.

SANATORIO DE NUESTRA SEÑORA DEL CARMEN. Plaza de San Justo, 3. Telfs. 21 20 41 y 21 23 80.

SANATORIO SANTA LUCIA. Paseo de San Cristóbal, s/n. Telf. 21 26 95.

CASA DE MATERNIDAD. Calle de San Juan de Dios, s/n. Telfs. 21 38 48, 21 20 84 y 21 30 25.

SERVICIO DE AMBULANCIAS. Finisterre. Calle de las Armas, 6. Telf. 22 15 22.

HORARIO DE MISAS
Días festivos
HORAIRE DE MESSES
Jours de fête
M A S S
Holidays
ZEITPLAN DER MESSEN
Sonn- und Feiertage

4,45 San Nicolás de Bari.
6,00 Catedral (capilla del Sagrario), de abril a septiembre.
6,30 Catedral (capilla del Sagrario), de octubre a marzo.
7,00 Catedral (capilla del Sagrario y Virgen de la Cabeza), 8 en invierno.
7,15 Santa Ursula.
7,30 Capuchinas, Casa de Maternidad, Servicio Doméstico, Jesús y María, Hogar de Ancianos, Hospital del Rey, Padres Jesuitas, San Antonio, San Clemente, San Juan de los Reyes (PP. Franciscanos), Santa Isabel y Santo Domingo el Antiguo.

7,45 Siervas de María.

8,00 Benitas Recoletas, parroquia Buen Pastor, Catedral (capilla del Sagrario), Colegio de Adoratrices, Colegio Medalla Milagrosa, Colegio de Doncellas, Carmelitas Descalzas, Comendadoras de Santiago, Concepcionistas, Damas Catequistas, Madre de Dios, Gaitanas, Iglesia hospital de Tavera, Padres Carmelitas, Residencia Santa Casilda, San Nicolás de Bari, San Pablo, Santa Bárbara, Santa Clara, Santo Domingo el Real y Santo Tomé.

8,30 Hospital de Dementes, San Juan de los Reyes (PP. Franciscanos), Santa Leocadia, Santiago, Santos Justo y Pastor, Colegio de Terciarias, Colegio de Ursulinas, Colegio de HH. Carmelitas.

9,00 Catedral (capilla del Sagrario), Padres Carmelitas, Padres Jesuitas, Santa María Magdalena, Santas Justa y Rufina, Santo Tomé, San Marcos (8 de julio-septiembre).

9,30 Catedral (capilla de Reyes), Residencia Provincial, San Andrés, San Juan de los Reyes (PP. Franciscanos), San Miguel.

9,45 Catedral (capilla mozárabe).

10,00 Catedral (altar mayor), Escuela de Educación Física, estación de la RENFE, Padres Carmelitas, Padres Jesuitas, San Nicolás de Bari, Santa Leocadia, Santiago el Mayor, Santo Tomé y Santos Justo y Pastor.

10,15 Virgen de la Cabeza (de abril a octubre).

10,30 Observatorio Geofísico, parroquia Buen Pastor.

11,00 Capilla de San José, Catedral (capilla de Santiago), Fábrica Nacional, Padres Carmelitas, Padres Jesuitas, Residencia Sanitaria Virgen de la Salud, Residencia Santa Casilda, San Bernardo (finca de), San Cipriano (junio a septiembre, a las 10), Santa Bárbara.

11,30 San Antón.

12,00 Parroquia Buen Pastor, Catedral (altar mayor), Padres Carmelitas, San Nicolás de Bari, Santa Leocadia, Santiago el Mayor (iglesia hospital Tavera), Santo Angel (octubre a junio, a las 12,45), Santo Tomé, Santos Justo y Pastor.

12,30 Santa María Magdalena, Padres Jesuitas.

13,00 Catedral (altar mayor), Padres Carmelitas.

MISAS VESPERTINAS
MESSES DE LA VEILLE
VESPERS
VESPERMESSEN

4,30 Santos Justo y Pastor (junio a septiembre, a las 5).

6,00 Santa Leocadia.

7,00 Santa María Magdalena, Santiago el Mayor (mayo a septiembre, a las 8), parroquia Buen Pastor (mayo a septiembre, a las 8; octubre a abril, a las 7).

7,30 Santo Tomé (octubre a mayo, a las 8), Padres Jesuitas (abril a septiembre, a las 8).

8,00 Padres Carmelitas, San Nicolás de Bari (octubre a 15 de abril, a las 8; de 16 de abril a octubre, a las 8,30).

Víspera de precepto (para los legítimamente impedidos), en la S. I. Catedral.

FIESTAS REGIONALES Y POPULARES

MARZO:

Día 11. ILLESCAS. Fiestas del Milagro de la Virgen de la Caridad. Ferias.

SEMANA SANTA EN TOLEDO. El Domingo de Ramos, corrida de toros. Actos religiosos y procesionales. En la capital y en la provincia se celebran con gran solemnidad, alcanzando especial relieve en la Catedral.

MARTES DE PASCUA EN TALAVERA DE LA REINA. Fiesta de «Las Mondas», romería típica.

MAYO:

Día 1. TOLEDO. Romería muy concurrida a la Virgen del Valle, ermita sita al otro lado del Tajo, en la carretera de circunvalación.

Día 15 al 18. TALAVERA DE LA REINA. Ferias y Fiestas, con corridas de toros.

CORPUS CHRISTI. TOLEDO. Con gran esplendor a las 11 de la mañana, sale la procesión con la custodia de Arfe. A la tarde, corrida de toros. En los días anteriores y siguientes hay actuaciones de coros, compañías líricas y otros festejos.

AGOSTO:

Días 15 al 20. TOLEDO. Fiestas y Ferias de Nuestra Señora del Sagrario. Toros.

Días 31 al 2 de septiembre. ILLESCAS. Ferias y Fiestas de la Caridad.

SEPTIEMBRE:

III Domingo. BARGAS. Romería a la que acuden las bargueñas con sus vestidos y joyas tradicionales. (A ocho kilómetros de Toledo).

Días 21 al 24. TALAVERA DE LA REINA. Ferias y Fiestas. Toros.

OCTUBRE:

I Domingo. LAGARTERA. Fiestas en honor de Nuestra Señora del Rosario. Gran ambiente típico. Novillada.

FETES REGIONALES ET POPULAIRES

MARS:

LE 11. ILLESCAS. Fêtes de la Virgen de la Caridad. Foires.

SEMAINE SAINTE A TOLEDE. Le Dimanche de Rameaux, corrida de taureaux, actes religieux et processions. Dans la capitale et dans la province elles se célèbrent en grande solennité, atteignant un relief spécial dans la Cathédrale.

MARDI DE PAQUES A TALAVERA DE LA REINA. Fête de «las Mondas» procession typique.

MAI:

LE 1, TOLEDE. Procession très suire courrue de la Virgen del Valle. L'ermitage se trouve de l'autre côte du Taje sur la route de pinture.

Du 15 au 18. TALAVERA DE LA REINA. Foires et Fêtes, avec corridas.

CORPUS CHRISTI. Tolède Grande splendeur à 11 h. du matin, la procession sort avec l'ostensoir D'Arfe. L'après-midi corrida. Les jours antérieurs et suivants, il y a des représentations de choeurs et compagnies lyriques et d'autres festivités.

AOÛT:

Du 15 au 20: TOLEDE. Fêtes et Foires de Nuestra Señora del Sagrario. Corridas.

Du 31 au 2 septembre. ILLESCAS. Foires et Fêtes de la Caridad.

SEPTEMBRE:

IIIe. Dimanche. BARGAS. Procession à laquelle vont les habitants de Bargas avec leurs habits et bijoux traditionnels. (A huit km. de Tolède).

Du 21 au 24 TALAVERA DE LA REINA. Foires et Fêtes. Corridas.

OCTOBRE:

Ier. Dimanche. LAGARTERA. Fêtes en l'honneur de Notre Dame del Rosario, grande ambiance typique. Novillada.

POPULAR AND REGIONAL HOLIDAYS

MARCH:

11th-ILLESCAS. Festivals of the Miracle of the Virgin of Charity.

HOLY WEEK IN TOLEDO. Palm Sunday-Bullfight. Religious acts and processions. It is celebrated with great solemnity in the capital and in the province, reaching special prominence in the Cathedral.

EASTER TUESDAY IN TALAVERA DE LA REINA. Festival of «Las Mondas», a typical pilgrimage.

MAY:

1st - TOLEDO. Very popular pilgrimage to the Virgen del Valle, a hermitage on the other side of the Tagus, on the by-pass road.

15th - 18th. TALAVERA DE LA REINA. Fairs and Festivals, with bullfights.

CORPUS CHRISTI - TOLEDO. At 11 in the morning the procession leaves in great splendour with Arfe's monstrance. Bullfight in the afternoon. Before and after there is choir singing, lyrical recitals and other festivities.

AUGUST:

15th to 20th TOLEDO. Festival and Fair of Nuestra Señora del Sagrario. Bulls.

31st to 2nd September - ILLESCAS. Fairs and festivals of La Caridad (Charity).

SEPTEMBER:

3rd Sunday. BARGAS. Pilgrimage attended by the girls dressed in their traditional costumes and jewels.

21st to 24th - TALAVERA DE LA REINA. Fairs and Festivals. Bulls.

OCTOBER:

1st Sunday. LAGARTERA. Festivals in honour of Nuestra Señora del Rosario. Great typical atmosphere. «Novillada» (Bullfight with young bulls).

REGIONALE UND VOLKSTÜMLICHE FESTE

MARZ:

11. ILLESCAS. Fest del Milagro de la Virgen de la Caridad. Jahrmarkt.

SEMANA SANTA (Karwoche) IN TOLEDO. Palmsonntag Stierkampf. Religiöse Festlichkeiten und Prozessionen, die in Toledo selbst sowie in der Provinz sehr feierlich, besonders in der Kathedrale, begangen werden.

OSTERDIENSTAGLIN TALAVERA DE LA REINA. Fest «Las Mondas», typische Wallfahrt.

MAI:

1. TOLEDO. Pilgerfahrt zur Wallfahrtskirche Virgen del Valle am anderen Flussufer des Tajos.
15. - 18. TALAVERA DE LA REINA. Jahrmarkt und Festlichkeiten mit Stierkampf.
CORPUS CHRISTI (Fronleichnamstag). TOLEDO. Grosse Pracht. Um 11.00 Uhr findet die Prozession mit der Monstranz von Arfe statt. Nachmittags Stierkampf. An den Tagen vor und nach dem Festtag Auftreten von Chören, Gesangvereinen und andere Festlichkeiten.

AUGUST:

15. - 20. TOLEDO. Festlichkeiten und Jahrmarkt zu Ehren Nuestra Señora del Sagrario. Stierkämpfe.
31. - 2. Sept. ILLESCAS. Jahrmarkt und Festlichkeiten der Karitas.

SEPTEMBER:

III. Sonntag. BARGAS. Pilgerfahrt, an der die Frauen Bargas mit ihrer traditionellen Tracht und ihrem Schmuck teilnehmen (8 km von Toledo entfernt).
21. - 24. TALAVERA DE LA REINA. Jahrmarkt, Festlichkeiten, Stierkampf.

OKTOBER:

I. Sonntag. LAGARTERA. Typische Festlichkeiten zu Ehren Nuestra Señora del Rosario. Stierkampf.

CAZA Y PESCA

En toda la provincia hay numerosos cotos de monterías y caza menor.
Algunos de éstos son:
Para monterías (venado, ciervo, jabalí, corzo, lince, zorro, etc.).
PIEDRAS PICADAS. Próximo a Navahermosa.
LITUERO. Los Yébenes.
SANTO TOME. Los Yébenes.
Para caza menor (perdiz, codorniz, tórtola, paloma-torcaz, liebre y conejo).
LITUERO. Los Yébenes.
SANTO TOME. Los Yébenes.
EL NAVAJO. Los Yébenes.
ARDALES. Los Yébenes.
CANILLA. Torrijos.
ZURRAQUIN. Toledo.
LA ALPEDREGA. Polán.
SOCIEDADES DE CAZA. Facilitan a cazadores nacionales y extranjeros «puestos» en cacerías organizadas.
CACERIAS DIANA. En Madrid. Plaza del Callao, 1. Télf. 231 63 77.
CACERIAS MEDINA. Representante en Toledo: don Agapo Medina. Dirección: Hotel Maravilla. Calle de Barrio Rey, 7. Telf. 21 33 36.

PESCA

COTO RIO TAJO. Desde la presa de la fábrica de armas de Toledo, hasta la desembocadura del río Guadarrama.
COTO EMBALSE DEL TORCON. En Navahermosa. Especie: trucha americana (Black-bass). Autorización del Ayuntamiento de Toledo, necesaria. Tramo desde el pueblo de la Sagra, en sentido descendente, hasta Toledo. Especies: barbo, comiza, boga, carpa y cacho.
EMBALSE MUNICIPAL DE PORTUÑA. En Talavera de la Reina. Autorización de la Alcaldía. Especie: el lucio.
TALAVERA DE LA REINA. En la afluencia de los ríos Tajo y Alberche. Especies: barbo, comiza, boga, carpa y cacho.
EPOCAS DE PESCA: La trucha americana (Black-bass), desde el 16 de junio hasta últimos de febrero. El lucio, desde el 16 de abril al 31 de diciembre. Los ciprínidos, todo el año. Con red, desde el 16 de agosto hasta finales de febrero.

CHASSE ET PECHE

Dans toute la province il y a de nombreux coteaux pour grande et petite chasse.
Parmi eux:
Pour la grande chasse (cerf, sanglier, chevreuil, lynx, renard, etc).
PIEDRAS PICADAS. Près de Navahermosa.
LITUERO. Los Yébenes.
SANTO TOME. Los Yébenes.
Pour la petite chasse (perdrix, caille, tourterelle, palombe, lièvre et lapin).
LITUERO. Los Yébenes.
SANTO TOME. Los Yébenes.
EL NAVAJO. Los Yébenes.
ARDALES. Los Yébenes.
CANILLA. Torrijos.
ZURRAQUIN. Tolède.
LA ALPEDREGA. Polán.
SOCIETES DE CHASSE. Elles facilitent aux chasseurs nacionaux et étrangers «des postes» dans les chasses organisées.
CACERIAS DIANA. A Madrid. Plaza del Callao, 1. Tel. 231 63 77.
CACERIAS MEDINA. Représentant à Tolède: don Agapo Medina. Adresse: Hotel Maravilla. Calle de Barrio Rey, 7. Tél. 21 33 39.

PECHE

COTO RIO TAJO. Depuis la fabrique d'armes de Tolède jusqu'à l'embouchure du Guadarrama. Parcours.
COTO EMBALSE DEL TORCON. A Navahermosa. Espèce: truite américaine (Black-bass). Autorisation de la municipalité de

Tolède, nécessaire. Tronçon depuis le village de la Sagra, dans le sens de la descente, jusqu'à Tolède. Espèces: barbeau, comiza, homard, carpe et cacho.

EMBALSE MUNICIPAL DE PORTUÑA. A Talavera de la Reina. Autorisation de la mairie. Espèce: brochet.

TALAVERA DE LA REINA. Au confluent des rivières Tajo et Alberche. Espèces: barbeau, comiza, homard, carpe et cacho.

EPOQUES DE PECHE: La truite américaine (Black-bass), depuis le 16 juin jusqu'à fin février. Le brochet, depuis le 16 avril jusqu'au 31 décembre. Les ciprínidos toute l'année. Au filet, du 16 août, jusqu'à fin février.

FISHING AND SHOOTING

Throughout the province game preserves for shooting and big & small game hunting. Some of these are:

For hunting (venison, deer, boar roe deer, linx, fox, etc.).

PIEDRAS PICADAS. Close to Navahermosa.

LITUERO. Los Yebenes.

SANTO TOME. Los Yebenes.

For small game (partridge, quail, turtledove, pigeon, hare and rabbit).

LITUERO. Los Yebenes.

SANTO TOME. Los Yebenes.

EL NAVAJO. Los Yebenes.

ARDALES. Los Yebenes.

CANILLA. Torrijos.

ZURRAQUIN. Toledo.

LA ALPEDREGA. Polan.

HUNTING ASSOCIATIONS. They supply national and foreign hunters with posts in organized hunts.

CACERIAS DIANA. In Madrid, Plaza del Callao, 1. Tel. 231 63 77.

CACERIAS MEDINA. Representative in Toledo: don Agapo Medina. Address: Hotel Maravilla, Calle de Barrio Rey, 7. Tel. 21 33 39.

FISHING

RIVER TAGUS PRESERVE. From the dam at the Toledo arms factory to the mouth of the Guadarrama.

EMBALSE DEL TORCON PRESERVE. In Navahermosa. Species: black bass. Authorization to be obtained from Toledo Town Hall. Stretch from the village of Sagra, downstream to Toledo. Species: barbel, boce, carp and chub.

MUNICIPAL DAM AT PORTUÑA. At Talavera de la Reina. Authorization from the Mayor's office. Species: pike.

TALAVERA DE LA REINA. In the affluence of the Rivers Tagus and Alberche. Species: barbel, boce, carp and chub.

FISHING SEASONS. Black bass from 16th June to the end of February. Pike from 16th April to 31st December. Carp, barbel, etc. all the year round. With net, from 16th August to the end of February.

JAGD UND FISCHFANG

In der ganzen Provinz sind Gehege für hohe sowie niedere Jagd vorhanden. Einige dieser Gehege sind: Für hohe Jagd (Rotwild, Hirsch, Wildschwein, Reh, Luchs, Fuchs usw.):

PIEDRAS PICADAS. In der Nähe von Navahermosa.

LITUERO. In Los Yébenes.

SANTO TOME. In Los Yébenes.

Für niedere Jagd (Rebhuhn, Wachtel, Turteltaube, Taube, Hase und Kaninchen):

LITUERO. In Los Yébenes.

SANTO TOME. In Los Yébenes.

EL NAVAJO. In Los Yébenes.

ARDALES. In Los Yébenes.

CANILLA. In Torrijos.

ZURRAQUIN. In Toledo.

LA ALPEDREGA. In Polán.

JAGDGESELLSCHAFTEN ermöglichen es nationalen und ausländischen Jägern, an organisierten Jagdausflügen teilzunehmen.

CACERIAS (Jagdklub) DIANA. In Madrid. Plaza del Callao, 1. Tel. 231 63 77.

CACERIAS (Jagdklub) MEDINA. Repräsentant in Toledo: Don Agapo Medina. Hotel Maravilla. Calle de Barrio Rey, 7. Tel. 213339.

ANGELSPORT

COTO RIO TAJO (Bezirk am Tajo). Geht vom Stauwehr der toledanischen Waffenfabrik bis zur Mündung des Flusses Guadarrama.

COTO EMBALSE DEL TORCON (Bezirk Stausee Torcón). In Navahermosa. Arten: amerikan. Forelle (black-bass).

Erlaubnis des Rathauses von Toledo notwendig. Bezirk vom Dorf La Sagra (flussabwärts) bis nach Toledo; Arten: Barben, Blöker, Karpfen.

EMBALSE MUNICIPAL DE PORTUÑA (Städt. Stausee von Portuña). In Talavera de la Reina. Erlaubnis des Bürgermeisteramtes erforderlich.

Arten: Hecht.

TALAVERA DE LA REINA. Im Zusammenfluss des Tajos und Alberche.

Arten: Barben, Blöker, Karpfen.

ANGELSAISON. Amerikan. Forelle (black-bass) 16. Juni bis Ende Februar.

Hecht 16. April bis 31. Dezember.

Mit Netz 16. August bis Ende Februar.

EXCURSIONES DE TOLEDO A LA PROVINCIA

I. TOLEDO - TORRIJOS - TALAVERA DE LA REINA - OROPESA - LAGARTERA - PUENTE DEL ARZOBISPO (137 kilómetros).

TORRIJOS. A 30 kilómetros de Toledo. Tiene una suntuosa Colegiata gótica, con bella portada plateresca. Además de otros monumentos, cuenta con el Palacio del Conde de Altamira. En el Convento de Franciscanas está enterrada doña Teresa Enríquez, llamada «La loca del Sacramento».

TALAVERA DE LA REINA. A 84 kilómetros de Toledo. A 118 de Madrid, en la carretera a Mérida. Famosa por sus fábricas de cerámica. En el Museo Ruiz de Luna, pueden admirarse objetos del siglo XV al XIX. Talavera es ciudad de antiguo origen. Pueden visitarse la Colegiata gótica, la iglesia parroquial de Santiago (mudéjar) y la ermita de Nuestra Señora del Prado, con hermosa azulejería del siglo XIV al XVIII. La población se encuentra en el centro de una feracísima vega, entre cuyos cultivos destacan el algodón y el tabaco. Son renombradas sus ferias de ganado, que se celebran quincenalmente (los días 1 y 15 de cada mes, excepto festivos, que pasan al siguiente día).

Fábricas de cerámica

Fábrica-Exposición «La Purísima». Plaza de los Descalzos.

Fábrica-Exposición «La Menora». Calle Sol.

Fábrica-Exposición «El Carmen». San Andrés, 6.

Fábrica Ruiz de Luna. Plaza General Primo de Rivera.

OROPESA. A 31 kilómetros de Talavera, 149 de Madrid y 115 de Toledo. En esta ciudad existe el PARADOR NACIONAL DE OROPESA (de la Subsecretaría de Turismo), instalado en un gran castillo medieval.

PUENTE DEL ARZOBISPO. A 129 kilómetros de Toledo. Gran sabor local. Su típica cerámica es tradicional, con predominio de verdes oscuros.

II. TOLEDO - CASTILLO DE GUADAMUR - CASTILLO DE BARCIENCE - CASTILLO DE MAQUEDA - CASTILLO DE ESCALONA (83 kilómetros).

CASTILLO DE GUADAMUR. A 15 kilómetros de Toledo, en la carretera de Navahermosa. Castillo de los más bellos de España, y que se encuentra en buen estado de conservación.

CASTILLO DE BARCIENCE. A 29 kilómetros de Toledo, en la carretera a Torrijos. Es del siglo XV.

CASTILLO DE MAQUEDA. A 41 kilómetros de Toledo. A 75 de Madrid, en la carretera que va a Mérida. De origen árabe. Ha sido, por su estratégico enclave, teatro de grandes visicitudes históricas. Hoy en día se halla en buen estado.

CASTILLO DE ESCALONA. A 53 kilómetros de Toledo. Fue levantado por el famoso don Alvaro de Luna para servir, tanto de defensa, como de palacio. Actualmente se encuentra en estado ruinoso, pero es digno de verse.

III. TOLEDO - ILLESCAS - ESQUIVIAS - ARANJUEZ.

ILLESCAS. A 35 kilómetros de Toledo, e igual distancia de Madrid, en la carretera que une estas dos capitales. Hay cinco cuadros de El Greco en la iglesia del Hospital de la Caridad. Sobre la población se yergue destacada la torre de su parroquia, reina de las torres mudéjares de Castilla.

ESQUIVIAS. A 43 kilómetros de Toledo. Lugar donde casó Cervantes, en la iglesia que se conserva. Son famosos sus vinos.

ARANJUEZ. A 65 kilómetros de Toledo. Se encuentra en la carretera de Madrid a Andalucía, kilómetro 47. Real sitio, con sus maravillosos palacios y jardines, a la orilla del río Tajo.

IV. TOLEDO - OCAÑA - QUINTANAR DE LA ORDEN - EL TOBOSO (129 kilómetros).

OCAÑA. A 54 kilómetros de Toledo, por Aranjuez. Se halla en la confluencia de las carreteras de Madrid-Valencia. Así como el ferrocarril Madrid-Valencia, por Cuenca. Villa de gran abolengo histórico. Conserva murallas romanas. Cuenta con elegantes palacios renacentistas y una armoniosa Plaza Mayor. Puede degustarse aquí el vino de Yepes.

QUINTANAR DE LA ORDEN. A 114 kilómetros de Toledo. En la ruta de Don Quijote. Todavía conserva en sus alrededores típicos molinos de viento. Hay instalado en él un Albergue de Carretera de la Subsecretaría de Turismo.

EL TOBOSO. A 129 kilómetros de Toledo. Inmortalizado por Cervantes al hacerlo patria de la sin par Dulcinea. Existe allí una biblioteca cervantina. En pleno ambiente de La Mancha.

EXCURSIONS DE TOLEDE A LA PROVINCE

I. TOLEDO - TORRIJOS - TALAVERA DE LA REINA - OROPESA - LAGARTERA - PUENTE DEL ARZOBISPO (137 km.).

TORRIJOS. A 30 km. de Tolède. Possède une somptueuse Collegiale gothique, avec une belle façade de style plateresque. En plus, d'autres monuments, il y a le Palais du Comte de Altamira.

TALAVERA DE LA REINA. A 84 km. de Tolède et 118 de Madrid. Fameuse pour ses fabriques de céramiques. Dans le Musée Ruiz de Luna, on peut admirer des objets des XVe. au XIXe. siècles. Talavera est une ville d'origine ancienne. On peut visiter la Collégiale gotique, l'église paroissiale de Santiago (mudéjar) et l'ermitage de Notre Dame del Prado, avec une belle faïence du XIVe. au XVIIIe. L'aggiomération se trouve au centre d'une plaine très fertile, dont les cultures principales sont le coton et le tabac. Ses foires de bétail sont renommées et ont lieu chaque quinzaine (le Ier. et le 15 chaque mois, excepté les jours de fêtes, alors elles sont reportées au jour suivant).

Fabriques de ceramique

Fábrica-Exposición «La Purisima». Plaza de los Descalzos.
Fábrica-Exposición «La Menora». Calle Sol.
Fábrica-Exposición «El Carmen». San Andrés, 6.
Fábrica Ruiz de Luna. Plaza General Primo de Rivera.
OROPESA. A 31 km. de Talavera, 149 de Madrid et 115 de Tolède. Dans cette ville existe le Parador Nacional de Oropesa (secretariat de tourisme), installé dans un grand château médiéval.
PUENTE DEL ARZOBISPO. A 129 km. de Tolède. Grande saveur locale. Sa céramique typique est traditionnelle, avec prédominance des verts obscurs.
II. TOLEDO - CASTILLO DE GUADAMUR - CASTILLO DE BARCIENCE - CASTILLO DE MAQUEDA - CASTILLO DE ESCALONA (83 km.).
CASTILLO DE GUADAMUR. A 15 km. de Tolède, sur la route de Navahermosa. Château parmi les plus beaux d'Espagne, et qui se trouve en bon état de conservation.
CASTILLO DE BARCIENCE. A 29 km. de Tolède, sur la route de Torrijos. Il est du XVe. siècle.
CASTILLO DE MAQUEDA. A 41 km. de Tolède. A 75 km. de Madrid, sur la route qui va à Mérida. D'origine Arabe. Il fut pour sa situation stratégique, théâtre de grandes vicissitudes historiques. Aujourd-hui, il se trouve en bon état.
CASTILLO DE ESCALONA. A 53 km. de Tolède. Il fut élevé par le fameux don Alvaro de Luna pour servir autant comme défense que comme palais. Actuelement il est dans un état de ruine, mais il est digne d'être vu.
III. TOLEDO - ILLESCAS - ESQUIVIAS ARANJUEZ.
ILLESCAS. A 35 km. de Tolède et à le même distance de Madrid, sur la route qui unit ces deux capitales. Il y a cinq tableaux du Greco dans l'église de l'Hôpital de la Caridad. Sur le village se dresse la tour de sa paroisse, reine des tours de style mudéjar de Castilla.
ESQUIVIAS. A 43 km. de Tolède. Lieu où se maria Cervantes dans l'église qui est toujours conservée. Ses vins sont renommés.
ARANJUEZ. A 65 km. de Tolède. Se trouve sur la route de Madrid - Andalousie, au km. 47. Lieu royal avec de merveilleux palais et jardins au bord du Tage.
IV. TOLEDO - OCAÑA - QUINTANAR DE LA ORDEN - EL TOBOSO (129 km.).
OCAÑA. A 54 km. de Tolède, par Aranjuez. Se trouve à l'embranchement des routes Madrid-Valencia, par Cuenca. Ville de grand passé historique. Conserve des murailles romaines. Il y a d'élégants palais de la Renaissance et une harmonieuse Plaza Mayor. On peut y déguster le vin de Yepes.
QUINTANAR DE LA ORDEN. A 114 km. de Tolède. Sur la route de Don Quijote. Conserve toujorers dans ses clentours des moulins à vent typiques. Il y a la une Auberge du Secretariat de Tourisme.
EL TOBOSO. A 129 km. de Tolède. Immortalisé par Cervantes qui en fit la patrie de Dulcinee. Il s'y trouve une Bibliothèque de Cervantes. En pleine ambiance de La Mancha.

EXCURSIONS FROM TOLEDO TO THE PROVINCE

I. TOLEDO, TORRIJOS, TALAVERA DE LA REINA, OROPESA, LAGARTERA, PUENTE DEL ARZOBISPO (137 kilometers).
TORRIJOS. 30 kilometers from Toledo. It has a sumptuous Gothic Collegiate Church, with a beautiful Plateresque doorway. Among other monuments there is the Palace of the Count of Altamira. Doña Teresa Enriquez, known by the name of «La loca del Sacramento» (The mad woman of the sacrament) is buried in the Convent of the Franciscan nuns.
TALAVERA DE LA REINA. 84 kilometers from Toledo. 118 kilometers from Madrid, on the Merida road. Famous for its ceramics factories. XVI to XIX century objects can be admired in the Ruiz de Luna Museum. Talavera is a town of very ancient origin. You can visit the Gothic Collegiate Church, the Parish Church of Santiago (Mudejar) and the Hermitage of Nuestra Señora del Prado, with beautiful tiles from the XIV to the XVIII century. The town is situated in the middle of a very fertile valley, cotton and tobacco being two of the crops. It is famous for its cattle markets, which are held once a fortnight, on the 1st and 15th of every month, except holidays, when it is transferred to the following day.

Ceramics factories

Factory-Exhibition «La Purisima». Plaza de los Descalzos.

Factory-Exhibition «La Menora». Calle Sol.
Factory-Exhibition «El Carmen». San Andrés, 6.
Factory Ruiz de Luna. Plaza General Primo de Rivera.

OROPESA. 31 kilometers from Talavera, 149 from Madrid and 115 from Toledo. The Parador Nacional de Oropesa (of the Tourist Subsecretariat) is installed in this town in a large medieval castle.

PUENTE DEL ARZOBISPO. 129 kilometers from Toledo. Great local colour. Its typical ceramics are traditional, with the predominance of dark greens.

II. TOLEDO, CASTILLO DE GUADAMUR, CASTILLO DE BARCIENCE, CASTILLO DE MAQUEDA, CASTILLO DE ESCALONA (83 kilometers).

CASTILLO DE GUADAMUR. 15 kilometers from Toledo, on the road to Navahermosa. One of the most beautiful castles in Spain, in a good state of preservation.

CASTILLO DE BARCIENCE. 29 kilometers from Toledo, on the road to Torrijos. It is of the XV century.

CASTILLO DE MAQUEDA. 41 kilometers from Toledo. 75 from Madrid on the road which goes to Merida. Arab origin. On account of its strategic position, it has witnessed many historical vicissitudes. It is today in a good state of preservation.

CASTILLO DE ESCALONA. 53 kilometers from Toledo. It was built by the famous Don Alvaro de Luna for both defence and palace. It is actually in a state of ruin, but is worth seeing.

III. TOLEDO, ILLESCAS, ESQUIVIAS, ARANJUEZ.

ILLESCAS. 35 kilometers from Toledo, and same distance from Madrid, on the road which joins these two capitals. There are five El Greco paintings in the church of the Hospital de la Caridad. The tower of the parish church, the queen of the Castilian Mudejar towers, sticks up out of the town.

ESQUIVIAS. 43 kilometers from Toledo. Where Cervantes was married in the church which is preserved. It is famous for its wines.

ARANJUEZ. 65 kilometers from Toledo. It is on the Madrid-Andalucia road, kilometer 47. Royal seat, with its marvellous palaces and gardens, on the banks of the River Tagus.

IV. TOLEDO, OCAÑA, QUINTANAR DE LA ORDEN, EL TOBOSO (129 Kms.).

OCAÑA. 54 Kms. from Toledo, vía Aranjuez. It is situated at the crossroads of the Madrid-Valencia roads. As well as the railway Madrid-Valencia, vía Cuenca. Town of great historical tradition. Roman walls are preserved. It has elegant renaissance palaces and a harmonious main square. You can try here the wine from Yepes.

QUINTANAR DE LA ORDEN. 114 kilometers from Toledo. On the Don Quixote route. Typical windmills are still preserved on the outskirts. A Tourist Subsecretariat Wayside Inn is installed there.

EL TOBOSO. 129 kms. from Toledo. Immortalized by Cervantes by making it the native town of the unbeatable Dulcinea. There is a Cervantes library there. Right in the middle of the Mancha.

AUSFLÜGE VON TOLEDO IN DIE PROVINZ

I. TOLEDO - TORRIJOS - TALAVERA DE LA REINA - OROPESA - LAGARTERA - PUENTE DEL ARZOBISPO (137 km).

TORRIJOS. 30 km von Toledo entfernt. Hat eine prächtige gotische Stiftskirche mit einem schönen plateresken Portal. Neben anderen Monumenten steht hier der Palast des Grafen von Altamira. Im Franziskanerkloster liegt Doña Teresa Enríquez, genannt «La loca del Sacramento» (die Verrückte des Sakraments), begraben.

TALAVERA DE LA REINA. 84 km von Toledo und 118 km von Madrid entfernt; auf der Landstrasse nach Mérida. Berühmt wegen seiner Keramikfabrik. Im Museum Ruiz de Luna sind Gegenstände aus dem XV. bis zum XIX. Jahrh. zu bewundern. Talavera ist eine Stadt alten Ursprungs. Man kann die gotische Stiftskirche, die Pfarrkirche Santiago (Mudéjar-Stil) und die Wallfahrtskirche Nuestra Señora del Prado mit ihrem schönen Kachelwerk aus dem XIV. bis XVIII. Jahrh. besichtigen. Die Stadt liegt im Zentrum einer sehr fruchtbaren Flussebene. Besonders zu erwähnen sind Baumwoll- und Tabakanpflanzungen. Berühmt sind die Viehmärkte, die alle 15 Tage stattfinden (am 1-15. des Monats, ausgenommen Sonn- und Feiertage, an denen der Markt am folgenden Tag veranstaltet wird).

Keramik fabriken

Fabrik mit Ausstellung «La Purísima». Plaza de los Descalzos.
Fabrik mit Ausstellung «La Menora». Calle Sol.
Fabrik mit Ausstellung «El Carmen». San Andrés, 6.
Fabrik Ruiz de Luna. Plaza General Primo de Rivera.

OROPESA. 31 km von Talavera, 149 km von Madrid und 115 km von Toledo entfernt. In dieser Stadt be findet sich der PARADOR NACIONAL DE OROPESA (staatliches Touristenhotel), der in einer grossen mittelalterlichen Burg untergebracht wurde.

PUENTE DEL ARZOBISPO. 129 km von Toledo entfernt. Typisches Dorf mit traditioneller Keramikherstellung, bei der die dunklen Grüntöne vorherrschen.

II. TOLEDO - BURG VON GUADAMUR -

BURG VON BARCIENCE - BURG VON MAQUEDA - BURG VON ESCALONA (83 km).

BURG VON GUADAMUR. 15 km von Toledo auf der Landstrasse von Navahermosa entfernt. Eine der schönsten Burgen Spaniens, die noch sehr gut erhalten geblieben ist.

BURG VON BARCIENCE. 29 km von Toledo auf der Landstrasse nach Torrijos entfernt. Burg stammt aus dem XV. Jahrhundert.

BURG VON MAQUEDA. 41 km von Toledo und 75 km von Madrid auf der Landstrasse, die nach Mérida führt, entfernt. Burg arabischen Ursprungs.

BURG VON ESCALONA. 53 km von Toledo entfernt. Die Burg wurde vom berühmten Don Alvaro de Luna als Festung und Palast errichtet. Heute sind nur noch Ruinen vorhanden, die es aber verdienen besichtigt zu werden.

III. TOLEDO - ILLESCAS - ESQUIVIAS - ARANJUEZ.

ILLESCAS. 35 km von Toledo und ebenso von Madrid entfernt; liegt auf der Landstrasse, die diese beiden Städte verbindet. In der Kirche des Hospitals de la Caridad sind fünf Gemälde El Grecos aufgestellt. Aus dem Dorf hebt sich der Turm der Pfarrkirche, den man als König der Türme des Mudéjar-Stils bezeichnet, ab.

ESQUIVIAS. 43 km von Toledo entfernt. Hier heiratete Cervantes in der noch erhaltenen Kirche. Die Weine des Dorfes sind berühmt.

ARANJUEZ. 65 km von Toledo entfernt; liegt auf der Landstrasse von Madrid nach Andalusien; Kilometerstein 47. Königlicher Ort mit prächtigen Palästen und Gärten am Ufer des Tajos.

IV. TOLEDO - OCAÑA - QUINTANAR DE LA ORDEN - EL TOBOSO (129 km).

OCAÑA. 54 km von Toledo entfernt; über Aranjuez. Liegt am Treffpunkt der Landstrassen Madrid — Valencia und der Eisenbahnlinie Madrid — Valencia über Cuenca. Ein Dorf mit historischer Tradition Römische Stadtmauern. Verfügt über elegante Paläste aus der Renaissance und harmonische Plaza Mayor. Hier kann man den Wein aus Yepes kosten.

QUINTANAR DE LA ORDEN. 114 km von Toledo entfernt. Liegt auf der Route von Don Quijote. In seiner Umgebung sind noch typische Windmühlen zu sehen. Im Ort selbst befindet sich ein staatliches Motel.

EL TOBOSO. 129 km von Toledo entfernt. Dieses Dorf wurde dadurch unsterblich gemacht, dass Cervantes es in seinem Werk «Don Quijote» zur Heimat der Dulcinea mache. Hier besteht eine Bibliothek Cervantes. Das Dorf liegt mitten in der Mancha.

OTRAS POBLACIONES IMPORTANTES

ORGAZ. A 33 kilómetros de Toledo, en la carretera a Ciudad Real. Localidad de serenidad y grandeza histórica, con su castillo, puente romano, iglesia parroquial, grandes e ilustres casonas y su gran Plaza Mayor digna de ser visitada.

PUERTO DE SAN VICENTE. A 143 kilómetros de Toledo. En la sierra, pueblo castellano antiguo.

REAL DE SAN VICENTE. A 110 kilómetros de Toledo. Conserva la tradición de sus antiguas danzas. Fiestas del 15 al 20 de septiembre.

TEMBLEQUE. Típica localidad con curiosa Plaza Mayor.

SANTA MARIA DE MELQUE. Ruinas muy importantes de un templo; la investigación arqueológica se ha detenido muy particularmente sobre esta extraña incógnita de la arquitectura. Situadas en las inmediaciones de La Puebla de Montalbán.

LA PUEBLA DE MONTALBAN. Histórica villa. Lugar de nacimiento de Fernando de Rojas, autor de «La Celestina».
Importantes templos y conventos.

CIUDAD DE VASCO. Restos arqueológicos de una antigua ciudad, con características ciclópeas. Situada a unos kilómetros de Puente del Arzobispo, hacia el sur.

AUTRES AGGLOMERATIONS IMPORTANTES

ORGAZ. A 33 km. de Tolède, sur la route de Ciudad Real. Localité de sérénité et grandeur historique, avec son château, son pont romain, l'église paroissiale et de grandes et illustres «casonas», sa grand place digne d'être visitée.

PUERTO DE SAN VICENTE. A 110 km. de Tolède. Dans la montagne, vieux village castillan.

REAL DE SAN VICENTE. A 110 km. de Tolède. Conserve la tradition de ses anciennes danses. Fêtes de 15 au 20 septembre.

TEMBLEQUE. Localité typique avec une curieuse grand place.

SANTA MARIA DE MELQUE. Ruines très importantes d'un temple; les recherches archéologiques se sont arretus très particuliérement sur cette étrange inconnue de l'architecture. Situées dans les alentours de la Puebla de Montalbán.

LA PUEBLA DE MONTALBAN. Village historique. Lieu de naissance de Fernando de Rojas, auteur de «La Celestina».
Importants temples et couvents.

CIUDAD DE VASCO. Restes archéologiques d'une ancienne ville, avec des caractéristiques «ciclopeas» (cyclopéennes). Situé à quelques kilomètres de Puente del Arzobispo, vers le sud.

OTHER IMPORTANT TOWNS

ORGAZ. 33 km from Toledo on the road to Ciudad Real. A place of serenity and historical magnificence, with its castle, Roman bridge, Parish church and large, famous mansions, its large main square, worthy of visiting.

PUERTO DE SAN VICENTE. 143 km. from Toledo. In the mountains, and old Castilian town.

REAL DE SAN VICENTE. 110 km. from Toledo. It preserves its old traditional dances. Holiday from 15th to 20th September.

TEMBLEQUE. Typical spot with a curious main square.

SANTA MARIA DE MELQUE. Very important ruins of a church; the archeological investigation has very carefully studied this strange unknown element of architecture. Situated close to the Puebla de Montalbán.

LA PUEBLA DE MONTALBAN. Historic town. Birthplace of Fernando de Rojas, author of «La Celestina» (= The Go-between). Important churches and convents.

CIUDAD DE VASCO. Archeological remains of an old city, with cyclopean characteristics. Situated a few kms. from Puente del Arzobispo, towards the south.

ANDERE WICHTIGE ORTSCHAFTEN

ORGAZ. 33 km von Toledo auf der Landstrasse nach Ciudad Real entfernt. Historischer Ort mit Burg, römischer Brücke, Pfarrkirche und berühmten Häusern. Seine Plaza Mayor ist sehenswert.

PUERTO DE SAN VICENTE. 143 km von Toledo entfernt. Behütet die Tradition seiner alten Tänze. Festwoche vom 15. — 20. September.

TEMBLEQUE. Typisches Dorf mit sehenswerter Plaza Mayor.

SANTA MARIA DE MELQUE. Sehr wichtige Kirchenruine; Archäologen haben sich an diesem Geheimnis der Architektur besonders lange aufgehalten. Die Ruinen befinden sich in der Nähe des Dorfes Montalbán.

LA PUEBLA DE MONTALBAN. Historischer Ort. Hier wurde Fernando de Rojas, Autor des Werkes «La Celestina» (die Kupplerin), geboren. Wichtige Kirchen und Klöster.

CIUDAD DE VASCO. Archäogische Überreste in Form von riesenhaften Steinen einer alten Stadt. Der Ort liegt einige Kilometer von Puente del Arzobispo in Richtung Süden entfernt.

DISTANCIAS KILOMETRICAS DESDE TOLEDO A:
DISTANCES KILOMETRIQUES DEPUIS TOLEDE A:
DISTANCES IN KILOMETERS FROM TOLEDO TO:
KILOMETERENTFERNUNG AB TOLEDO

Consuegra	60
El Puente del Arzobispo	114
Escalona	54
Illescas	34
Lillo	71
Madridejos	67
Navahermosa	50
Maqueda	42
Ocaña	60
Oropesa	118
Orgaz	33
Quintanar de la Orden	98
Torrijos	29
Avila	136
Cáceres	268
Ciudad Rea	116
Cuenca	185
Irún	558
Madrid	70

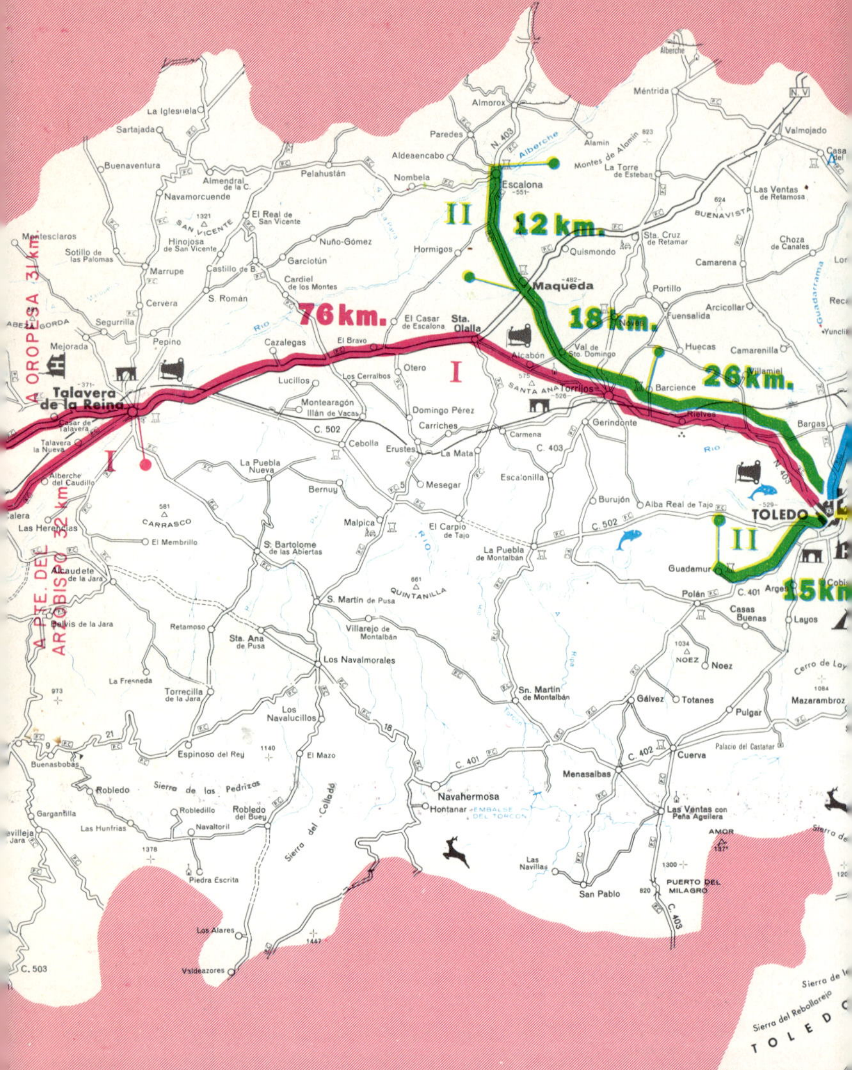

I RUTA DE TALAVERA DE LA REINA, LAGARTERA Y PTE. DEL ARZOBISPO

II RUTA DE LOS CASTILLOS

III RUTA DE EL GRECO

IV RUTA DE D. QUIJOTE Y DEL VINO